विश्वास का जादू

विश्वास का जादू

जोसेफ मर्फी

प्रभात
प्रकाशन

प्रकाशक

प्रभात प्रकाशन प्रा. लि.

4/19 आसफ अली रोड, नई दिल्ली–110002

फोन : 011–23289777 • हेल्पलाइन नं. : 7827007777

इ–मेल : prabhatbooks@gmail.com ❖ वेब ठिकाना : www.prabhatbooks.com

संस्करण

2025

अनुवाद

श्वेता भट्ट

पेपरबैक मूल्य

तीन सौ पचास रुपए

मुद्रक

आर–टेक ऑफसेट प्रिंटर्स, दिल्ली

VISHWAS KA JADU
by Joseph Murphy
(Hindi translation of 'THE MAGIC OF FAITH')

Published by **PRABHAT PRAKASHAN PVT. LTD.**
4/19 Asaf Ali Road, New Delhi-110002

ISBN 978-93-5322-160-7

₹ 350.00 (PB)

अनुक्रम

1

विजयोत्सव का गीत

"मुझे बताओ, ओ तुम, जिसे मेरी आत्मा प्रेम करती है, तुम कहाँ भोज करते हो, कहाँ तुम दोपहर को अपने झुंड को आराम कराते हो? ध्यान से देखो, तुम शुद्ध हो, मेरे प्रिय; ध्यान से देखो, तुम पवित्र हो; तुम्हारे पास फाख्ता जैसी आँखें हैं।" *वह मुझे भोजन-कक्ष में ले गया और मेरे ऊपर उनका खास प्रेम था। उसका बायाँ हाथ मेरे सिर के नीचे है और उसके दाएँ हाथ का कपड़ा मुझे गले लगाता है। मेरा प्रियतम बोला और उसने मुझसे कहा, 'उठो मेरे प्रिय, मेरे अपने और आ जाओ। क्योंकि देखो, सर्दी जा चुकी है, बारिश खत्म हो चुकी है; पृथ्वी पर फूल दिखाई देने लगे हैं; पक्षियों के गाने का समय आ गया है और कछुए की आवाज हमारे देश में सुनाई दे रही है।' उठो, मेरे प्रिय, मेरे अपने और आ जाओ। मेरा प्रिय मेरा है, और मैं उसकी हूँ—वो लिली के बीच खिलता है। जब तक दिन नहीं निकलता और छाया दूर नहीं चली जाती।*

यह बात सोच से बाहर है कि कोई संकलन (एंथोलॉजी) लिखा जाए और उसमें 'द सॉन्ग ऑफ सोलोमन' शामिल न हो। यह वास्तव में 'बाइबिल' के सबसे प्रेरक हिस्सों में से एक है। 'द सॉन्ग ऑफ सोलोमन' ईश्वर को महान् प्रेमी के रूप में दिखाता है। यह उल्लसित और रोमांचक है।

सफल जीवन जीने के लिए आपको प्रेम द्वारा प्रेरित होना चाहिए। आप वास्तव में आत्मा के साथ मदोन्मत्त होने की खुशी में पागल हो सकते हैं। दूसरे शब्दों में, ईश्वर का गीत गाकर आप ईश्वर की भक्ति में चूर हो जाते हैं और दैवी उत्साह से भर जाते हैं। इस प्रकार, प्रतिदिन और अधिक दिव्य प्रेम एवं प्रसन्नता व्यक्त करने लगते हैं।

आप ईश्वर का गीत या विजयोल्लास का गीत गाते हैं, जब आप

आत्मगत रूप से महसूस करते हैं कि आप वह हैं, जो आपकी पाँचों इंद्रियाँ आपसे कहती हैं कि आप नहीं हैं; उस समय आप ईश्वर की भक्ति में होते हैं और एक दिव्य उल्लास में डूबे होते हैं—एक प्रकार की अतिशय प्रसननता में।

क्या आपने कभी किसी व्यक्ति को एक साथ उल्लास से बड़बड़ाते और खुशी के नशे में चूर नहीं देखा है? वह व्यक्ति उस समय ईश्वर का गीत गा रहा होता है। 'आपकी उपस्थिति में खुशी की परिपूर्णता है। आपके दाएँ हाथ पर सदा के लिए सुख है।'

जब आप एक गीत गाते हैं तो अपनी पूरी प्रकृति अभिव्यक्त करते हैं। आपका मन और शरीर उस गीत में प्रवेश कर जाता है। जब आपका मन प्रेम और सद्भावना से भरा होता है, आप शांति की किरणें फैलाते हैं तो आप वास्तव में ईश्वर का गीत गा रहे होते हैं। वह एक उल्लसित आत्मा का गीत होता है।

जब आप एक गीत गाते हैं तो अपनी पूरी प्रकृति अभिव्यक्त करते हैं। आपका मन और शरीर उस गीत में प्रवेश कर जाता है। जब आपका मन प्रेम और सद्भावना से भरा होता है, आप शांति की किरणें फैलाते हैं तो आप वास्तव में ईश्वर का गीत गा रहे होते हैं। वह एक उल्लसित आत्मा का गीत होता है।

आपका वास्तविक रूप एक आध्यात्मिक, अनंत, परिपूर्ण जीव का है। इस समय आप ईश्वर की एक जीवित अभिव्यक्ति हैं।

'मैंने कहा है, तुम सब ईश्वर हो और तुम सब उस सर्वोच्च की संतान हो।'

जब आप प्रार्थना करते हैं, तो वह ईश्वर के साथ रोमांस होता है या आप शुद्ध होते हैं। जब आपकी इच्छा पूरी हो जाती है तो आपके लिए शांति और खुशी लेकर आती है। अपनी आंतरिक इच्छा को साकार करने

के लिए जो आपके प्रियतम के रूप में सोलोमन के गीत में दरशाई गई है, आपको उसे लुभाना होगा। अपनी उस इच्छा को आपको मोहित करने दीजिए, थामने दीजिए, रोमांचित करने दीजिए। आप हमेशा उस इच्छा की दिशा में आगे बढ़ेंगे, जो आपके मन पर हावी है।

मनोविज्ञान के अधिकांश छात्र जानते हैं कि सोलोमन का गीत चेतन और अवचेतन मन (सोलोमन एवं शीबा) के अद्भुत रोमांस का सुंदर वर्णन है।

"मुझे बताओ, ओ तुम! जिसे मेरी आत्मा प्यार करती है, तुम कहाँ भोजन करते हो?"

तुम्हारी परिपूर्ण इच्छा वह है, जिसे तुम्हारी आत्मा प्रेम करती है। आपसे पूछा जाता है, "आप कहाँ भोजन करते हैं?" दूसरे शब्दों में, आप मानसिक रूप से किस पर निर्भर हैं? समूह आपके विचारों, सोच, मान्यताओं और मत का प्रतिनिधित्व करता है। आपको भोज और किसी चीज का नहीं, बल्कि अपनी प्रार्थना का उत्तर मिलने की खुशी का करना है।

तुम्हारी परिपूर्ण इच्छा वह है, जिसे तुम्हारी आत्मा प्रेम करती है। आपसे पूछा जाता है, "आप कहाँ भोजन करते हैं?" दूसरे शब्दों में, आप मानसिक रूप से किस पर निर्भर हैं? समूह आपके विचारों, सोच, मान्यताओं और मत का प्रतिनिधित्व करता है। आपको भोज और किसी चीज का नहीं, बल्कि अपनी प्रार्थना का उत्तर मिलने की खुशी का करना है।

यदि आप स्वयं से कह रहे हैं, "मैं नहीं कर सकता। अब बहुत देर हो चुकी है। मैं बहुत बूढ़ा हो गया हूँ और मैं सही लोगों को नहीं जानता।" दूसरे शब्दों में, यदि आप मानसिक रूप से उन सभी कारणों को महसूस कर रहे हैं कि क्यों आप कुछ नहीं कर सकते या जो चाहते हैं, वह नहीं बन सकते तो आप 'अपने झुंड को दोपहर में आराम नहीं करने दे रहे हैं।'

दोपहर में सूरज की कोई छाया नहीं होती; उसी प्रकार जब आप

प्रार्थना करते हैं, आपको भय या संदेह की किसी छाया को अपने रास्ते में आने या जीवन में आपके लक्ष्य या उद्देश्य से भटकने की अनुमति नहीं देनी है।

उलझन की दुनिया अस्वीकार कर दी जाएगी और आप अपनी इच्छा की सच्चाई पर मानसिक रूप से भोजन करेंगे या ध्यान करेंगे।

'ध्यान से देखो, तुम शुद्ध हो, मेरे प्रिय; ध्यान से देखो, तुम पवित्र हो। तुम्हारी आँखें फाख्ता के जैसी हैं।' फाख्ता ईश्वर की आंतरिक शांति का एक प्रतीक है।

एक बार मैं एक शराबी से बात कर रहा था, जिसने कहा, "मुझसे इस ईश्वर नाम की चीज के बारे में कुछ मत कहो। मुझे ईश्वर नहीं चाहिए। मुझे एक उपचार चाहिए।" उस व्यक्ति के मन में अपनी पूर्व पत्नी के प्रति बहुत क्रोध था, जिसने दोबारा अपनी शादी कर ली थी। इसके अलावा, उसे बहुत सारे लोगों से शिकायतें थीं। उसे फाख्ता की आँखों की आवश्यकता थी, अर्थात् उसे सच को देखने की जरूरत थी, जो उसे मन की शांति प्रदान करता।

एक बार मैं एक शराबी से बात कर रहा था, जिसने कहा, "मुझसे इस ईश्वर नाम की चीज के बारे में कुछ मत कहो। मुझे ईश्वर नहीं चाहिए। मुझे एक उपचार चाहिए।" उस व्यक्ति के मन में अपनी पूर्व पत्नी के प्रति बहुत क्रोध था, जिसने दोबारा अपनी शादी कर ली थी। इसके अलावा, उसे बहुत सारे लोगों से शिकायतें थीं।

मैंने उससे पूछा, "क्या तुम मेरे साथ प्रार्थना करोगे? मैं सिर्फ इतना चाहता हूँ कि तुम ईमानदार रहो। यदि तुम रहे तो तुम्हें एक आंतरिक शांति का अनुभव होगा, जो संपूर्ण मानव समझ से प्रवाहित होती है।"

उसने अपना शरीर ढीला छोड़ दिया। मैंने उससे कहा, "कल्पना करो कि तुम अपने अंदर की अदृश्य उपस्थिति से बात कर रहे हो—उस सर्वशक्तिमान से, जिसने इस ब्रह्मांड को बनाया है। वह सबकुछ कर

सकती है। कहो, 'धन्यवाद, धन्यवाद इस आंतरिक शांति के लिए।' इसे बार-बार दोहराते रहो।"

दस मिनट के मौन ध्यान के बाद वह एक आंतरिक प्रकाश से चकाचौंध हो गया। प्रकाश उस फर्श से आया प्रतीत हो रहा था, जहाँ वह खड़ा था। पूरा कमरा प्रकाश से भर गया।

"मुझे हर जगह सिर्फ प्रकाश ही दिखाई दे रहा है। क्या गड़बड़ है?" फिर वह मेरे ऑफिस में आराम से सो गया। उसका चेहरा वास्तव में सूरज जैसा चमक रहा था।

पंद्रह मिनट बाद जब वह जागा तो पूरी तरह शांति में था और कह रहा था, "ईश्वर है! ईश्वर वास्तव में है!" उस आदमी ने अपने प्रियतम को पा लिया था। उसके पास फाख्ता जैसी आँखें थीं।

पंद्रह मिनट बाद जब वह जागा तो पूरी तरह शांति में था और कह रहा था, "ईश्वर है! ईश्वर वास्तव में है!" उस आदमी ने अपने प्रियतम को पा लिया था। उसके पास फाख्ता जैसी आँखें थीं।

जब आप रात को सोने जाते हैं तो अपनी इच्छा से कहिए कि वह कितनी अच्छी है और उसके पूरी होने पर आप कितना अच्छा महसूस करेंगे। अपने आदर्श को प्यार करना शुरू करें, उसकी प्रशंसा करें, उसे ऊँचा उठाएँ। "उठो मेरे प्रिय! महसूस करो कि तुम वह हो, जो तुम होना चाहते हो। जो तुम बनना चाहते हो या करना चाहते हो, वह होने या करने की चेतना में सोने जाओ।"

एक बार मैंने द्वीप में रहनेवाले एक आदमी से सफलता के विचार पर 'सोने' के लिए कहा। वह एक पत्रिका की सदस्यता बेचता था। इस प्रक्रिया का अनुसरण करके उसे महान् सफलता मिली। मैंने उसे सुझाव दिया कि वह सोने से पहले सफलता के बारे में सोचे; अर्थात् सफलता उसके लिए क्या मायने रखती है? अगर उसे सफलता मिली तो वह क्या करेगा? मैंने उसे उसकी कल्पना का उपयोग करने के लिए कहा। फिर

जब वह सोने जाए तो इस प्रकार सफलता के विचार से प्रेम करे—यह एक शब्द 'सफलता' बार-बार दोहराए। उसे सफलता की मनोदशा में आना होगा, फिर अपने अनंत प्रेम की बाँहों में सो जाना होगा। आपका प्रेमी—आपकी दिव्य उपस्थिति—उन सब चीजों को पारित कर देगा, जिन्हें आप सच के रूप में स्वीकार करते हैं। जीवन की परिस्थितियाँ, अनुभव और घटनाएँ आपके मन के बच्चे कहलाते हैं।

इस बिंदु पर मैं आपको एक उदाहरण देता हूँ कि अपने मन के इस भोजन-कक्ष में आप सत्कार कैसे कर सकते हैं? एक युवा लड़की को, जिसके पास गाने का विशेष कौशल था, चलचित्र, टेलीविजन या रेडियो के क्षेत्र में काम मिलने में बहुत मुश्किल हो रही थी। उसे इतनी बार अस्वीकार किया जा चुका था कि उसे डर था।

"वह मुझे भोजन-कक्ष में लाया और मेरे ऊपर उसका खास प्रेम था।' भोजन-कक्ष आपका अपना मन है, जहाँ आप अपने मन के विचार या इच्छाओं का सत्कार करते हैं।

इस बिंदु पर मैं आपको एक उदाहरण देता हूँ कि अपने मन के इस भोजन-कक्ष में आप सत्कार कैसे कर सकते हैं? एक युवा लड़की को, जिसके पास गाने का विशेष कौशल था, चलचित्र, टेलीविजन या रेडियो के क्षेत्र में काम मिलने में बहुत मुश्किल हो रही थी। उसे इतनी बार अस्वीकार किया जा चुका था कि उसे डर था। उसे अस्वीकृति ग्रंथि हो रही थी। उसने हमारे एक रेडियो कार्यक्रम में मुझे कहते सुना कि एक व्यक्ति का मन जिस किसी चीज की कल्पना कर सकता है और उसे सच मान सकता है, उसे वह प्राप्त कर सकता है। उसने इस बात को लिख लिया। हमारी एक कक्षा में आई और अपने मन के पहियों को शांत करके शरीर को सिर्फ अपनी बातों से आराम पहुँचाकर और उसे शिथिल होने के लिए कहकर—उसे आपकी आज्ञा माननी पड़ती है—भोजन-कक्ष में प्रवेश करने का अभ्यास करने लगी।

उस शांत, आरामदायक, सुकून भरी स्थिति में, जबकि उसका ध्यान पूरी तरह एक काल्पनिक फिल्म अनुबंध पर केंद्रित था, उसने उन सब चीजों की खुशी और आश्चर्य को महसूस किया। वह अब भोजन-कक्ष में थी और उसके ऊपर खास प्रेम अशेष था। प्रेम एक भावनात्मक लगाव है। वह निश्चित रूप से उस अनुबंध से मानसिक रूप से जुड़ी हुई थी। "वह उन चीजों को बुलाता है, जो दिखाई नहीं देतीं, जैसे कि वे सच में थीं। और जो अनदेखा था, वह देखा हुआ बन जाता है।" अप्रत्यक्ष दुनिया से प्रत्यक्ष दुनिया निकल आती है। उसने अपने मानसिक भोजन-कक्ष में स्थित अनुबंध की काल्पनिक तसवीर से मानसिक रूप से जुड़कर उसे एक वास्तविकता बना दिया। वह जानती थी कि उसने जो कल्पना की थी और विश्वास किया था, उसे तीन आयामी दुनिया में पारित होने के लिए आना चाहिए।

उसका बायाँ हाथ मेरे सिर के नीचे है और उसका दायाँ हाथ मुझे गले लगा रहा है। बायाँ हाथ आपकी गहरी, व्यक्तिपरक भावना है; दायाँ हाथ आपकी अनुशासित कल्पना है। जब आप अपनी इच्छा की वास्तविकता की कल्पना और उसे महसूस करना शुरू करते हैं तो आप दाएँ और बाएँ हाथ को एक साथ एक दिव्य आलिंगन में जोड़ रहे हैं...

उसका बायाँ हाथ मेरे सिर के नीचे है और उसका दायाँ हाथ मुझे गले लगा रहा है। बायाँ हाथ आपकी गहरी, व्यक्तिपरक भावना है; दायाँ हाथ आपकी अनुशासित कल्पना है। जब आप अपनी इच्छा की वास्तविकता की कल्पना और उसे महसूस करना शुरू करते हैं तो आप दाएँ और बाएँ हाथ को एक साथ एक दिव्य आलिंगन में जोड़ रहे हैं; फिर विचार और भावना का एक संयोजन होता है। इसे दूसरे तरीके से कहें तो यह चेतन और अवचेतन मन के बीच एक समझौता है, जो उस प्रार्थना को लक्षित करती है, जिसका आपको जवाब मिल चुका है।

आप जानते हैं कि जब आपके चेतन या अवचेतन मन में कोई तर्क या संदेह नहीं रह जाता तो आपकी प्रार्थना का जवाब मिल चुका होता है; क्योंकि दोनों ने उसे स्पर्श करने पर सहमति व्यक्त की है और ऐसा ही होता है।

"मेरे प्रिय बोले और मुझसे कहा—उठो, मेरे प्रिय! मेरे प्राण और दूर चले आओ।" क्या आपका लक्ष्य, उद्देश्य, महत्त्वाकांक्षा या इच्छा आपसे यही बात नहीं कह रहे हैं? उदाहरण के लिए, उत्तम स्वास्थ्य का विचार आपको बुला रहा है और कह रहा है—"उठ जाओ, बीमारी, सीमा, दर्द और तकलीफों से स्वास्थ्य, सामंजस्य एवं मन की शांति की ओर आ जाओ।"

इंग्लैंड के एक आदमी से मेरी बहुत लंबी बातचीत हुई, जिसे उसके पैर में कष्ट था। वह नौ महीनों से अपने घर में बंद था और अपने पैर पर जोर देने या चलने में असमर्थ था। मैंने पहला काम यह किया कि उससे पूछा कि अगर वह ठीक हो जाएगा तो क्या करेगा?

इंग्लैंड के एक आदमी से मेरी बहुत लंबी बातचीत हुई, जिसे उसके पैर में कष्ट था। वह नौ महीनों से अपने घर में बंद था और अपने पैर पर जोर देने या चलने में असमर्थ था। मैंने पहला काम यह किया कि उससे पूछा कि अगर वह ठीक हो जाएगा तो क्या करेगा?

उसने कहा, "मैं फिर से पोलो खेलूँगा, तैरूँगा, गोल्फ खेलूँगा और आल्प्स पर चढ़ूँगा, जैसा कि मैं हर साल करता था।" यही वह जवाब था, जो मैं सुनना चाहता था।

मैंने उसे सरलतम तरीके से बताया कि कैसे वह फिर से अपने पैरों का सही उपयोग कर सकता था। सबसे पहला काम यह कल्पना करना कि वह उन सब चीजों को कर रहा था, जो उसे करनी थीं। मैंने उसके लिए एक काल्पनिक चित्र चित्रित किया। दिन में तीन बार वह पंद्रह या बीस मिनट के लिए अपनी स्टडी में बैठकर कल्पना करता था कि वह पोलो

खेल रहा है। उसने वास्तव में एक पोलो खिलाड़ी की भूमिका का प्रदर्शन करने की मानसिक मनोदशा को ग्रहण कर लिया। वह एक अभिनेता बन गया; एक अभिनेता भूमिका में हिस्सा लेता है।

इस बात पर ध्यान दें कि वह खुद को पोलो खेलते नहीं देख रहा था। यह एक भ्रम होता। वह खुद को पोलो खेलते हुए महसूस कर रहा था। उसने अपने दिमाग या भोजन-कक्ष में नाटक को जीते हुए उसे वास्तविक बनाया।

> ***दोपहर में वह मन को शांत कर लेता था, शरीर को शिथिल और उस पर अपने अल्पाइन कपड़े महसूस करता था। वह महसूस और कल्पना करता था कि वह आल्प्स पर चढ़ रहा है। वह अपने चेहरे पर ठंडी हवा महसूस करता और अपने पुराने सहयोगियों की आवाजें सुनता था।***

दोपहर में वह मन को शांत कर लेता था, शरीर को शिथिल और उस पर अपने अल्पाइन कपड़े महसूस करता था। वह महसूस और कल्पना करता था कि वह आल्प्स पर चढ़ रहा है। वह अपने चेहरे पर ठंडी हवा महसूस करता और अपने पुराने सहयोगियों की आवाजें सुनता था।

वह नाटक को जी रहा था और चट्टानों की सहजता एवं लचीलेपन को महसूस कर रहा था; रात को सोने से पहले अपने प्रिय, अपने अंतर की गहराई की बाँहों में जाने से पहले वह गोल्फ का एक गेम खेलता था। वह क्लब को कब्जे में रखता था; अपने हाथ से गेंद को छूता था, उसे उसकी जगह पर रखता था और टी ऑफ करता था। वह अपने क्लबों को स्विंग करता था और गेंद कहाँ जाती है, यह देखकर खुश होता था। जब वह एक अच्छा गेम खेलने के मूड में होता तो अपने अनुभव से बहुत संतुष्ट और खुश होकर सोने चला जाता था।

दो महीनों के भीतर उस आदमी का पैर ठीक हो गया। उसने वे सभी चीजें कीं, जिन्हें करने की उसने कल्पना की थी। आल्प्स पर चढ़ने

के विचार, साथ ही पोलो को फिर से खेलने की इच्छा ने उस आदमी से कहा, "उठो, मेरे प्रिय और दूर चले आओ। इस शारीरिक अपंगता में अपने विश्वास से।" और उसने यही किया।

अवचेतन का नियम मजबूरी का होता है। जब आप आत्मगत रूप से महसूस करते हैं कि आप तैर रहे हैं, उदाहरण के लिए, जब आप पानी की ठंडक महसूस करते हैं और अपने विभिन्न तैराकी स्ट्रोक्स की सहजता महसूस करते हैं तो आप देर-सबेर तैरने पर मजबूर हो जाएँगे। चाहे कोई भी अपंगता हो, चाहे डर हो या कोई शारीरिक स्थिति, आप वही करेंगे, जो आप आत्मगत रूप में महसूस कर रहे थे कि आप कर रहे हैं।

आपकी इच्छा, सपना, महत्त्वाकांक्षा, लक्ष्य या उद्देश्य आपके उद्धारकर्ता हैं। ये आपके दिमाग के गलियारे में चलते हुए आपसे कह रहे हैं, "उठो, मेरे प्रिय! और चलो।" जीवन की अच्छी और शानदार चीजों का आनंद लो।

आपकी इच्छा, सपना, महत्त्वाकांक्षा, लक्ष्य या उद्देश्य आपके उद्धारकर्ता हैं। ये आपके दिमाग के गलियारे में चलते हुए आपसे कह रहे हैं, "उठो, मेरे प्रिय! और चलो।" जीवन की अच्छी और शानदार चीजों का आनंद लो।

इससे कोई फर्क नहीं पड़ता कि समस्या क्या है या उसका परिमाण क्या है ?आपको वास्तव में कुछ नहीं करना है, बस अपने आपको उस सच्चाई का विश्वास दिलाना है, जिसकी आप पुष्टि कर रहे हैं। जैसे ही आप खुद को अपनी इच्छा की वास्तविकता समझाने में सफल होंगे, परिणाम स्वत: ही अनुसरण करने लगेंगे। आपका अवचेतन मन ईमानदारी से उसका पुनरुत्पादन करेगा, जो आपने उसके भीतर भरा हुआ है।

'बाइबल' कहती है, "उस दिन का चयन करें, जिसे आप सेवा देंगे।" आपके पास उस स्वर, भावना या मनोदशा का चुनाव करने की स्वतंत्रता है, जिसमें आप प्रवेश करते हैं। आपकी भावना या दृढ़ विश्वास

की अभिव्यक्ति आपके प्रेमी या अवचेतन मन का रहस्य है। इसलिए आपकी बाहरी क्रियाएँ अवचेतन मान्यताओं और प्रभावों द्वारा निर्धारित की जाती हैं। आपका विचार और भावना आपकी नियति का निर्धारण करते हैं। सच्चाई का ज्ञान इस समय आपसे कह रहा है, "सर्दियों का समय बीत चुका है, बारिश खत्म हो चुकी है और चली गई है।" सर्दी उस ठंडी स्थिति का प्रतिनिधित्व करती है, जब बीज पृथ्वी की छाती में जमे हैं और कुछ भी बढ़ नहीं रहा है। सर्दियाँ और सभी मौसम आपके दिमाग में हैं। क्या आपकी इच्छाएँ, सपने, दृष्टांत और जीवन के उद्‌देश्य डर, चिंता या गलत धारणाओं के कारण आपके भीतर जमे हैं? आप दिखावों से दूर जाकर अपने अंदर मौजूद ईश्वर के भोजन-कक्ष में प्रवेश करके और खुद से यह कहकर उन्हें फिर से जीवित कर सकते हैं कि "मैं जो होना चाहता हूँ, वह हो सकता हूँ। मुझे बस, इतना करना है कि अपने अवचेतन मन को स्वास्थ्य, समृद्धि, साहचर्य या सही स्थान की अपनी इच्छा से प्रभावित करना है। वह उस स्थिति को अभिव्यक्त करेगा, जिससे मैंने उसे प्रभावित किया है।"

सर्दियाँ अब आपके लिए खत्म हो गई हैं। वर्षा भी चली गई है। हो सकता है कि आपका मन नकारात्मक विचारों के कारण निराशा, हताशा और उदासीनता से भर गया हो। नकारात्मक विचारों, नकली मान्यताओं और गलत विचारों की बाढ़ या हिम-स्खलन ऐसा ही करेंगे।

सर्दियाँ अब आपके लिए खत्म हो गई हैं। वर्षा भी चली गई है। हो सकता है कि आपका मन नकारात्मक विचारों के कारण निराशा, हताशा और उदासीनता से भर गया हो। नकारात्मक विचारों, नकली मान्यताओं और गलत विचारों की बाढ़ या हिम-स्खलन ऐसा ही करेंगे।

अब आप जानते हैं कि आपको बस, इतना करना है कि अपना मन परमेश्वर की सच्चाइयों से भरना है, जो अनंत काल से आपके पास आ

रही हैं। जब आप ऐसा करते हैं तो आप अपने दिमाग से उनके विपरीत सबकुछ बाहर निकाल देते हैं।

सर्दियाँ और बाढ़ आपके लिए खत्म हो जाती हैं, जब आप नियमित और व्यवस्थित रूप से शांति, खुशी, प्रेम और अच्छे विचारों की अवधारणा से अपना मन भर लेते हैं। आप कोई एक भजन संहिता पढ़कर ऐसा कर सकते हैं, जैसे कि इक्कीसवीं या इक्यानबेवीं और जो कुछ आप कहते हैं, उसकी सच्चाई को महसूस करके। या आप ईश्वर की वास्तविक सच्चाइयों का एक अच्छा मेडिटेशन (ध्यान) जोर से पढ़ सकते हैं। जैसे ही आप ऐसा करते हैं, ये सच्चाइयाँ आँख और कान के माध्यम से अंदर प्रवेश कर लेती हैं; वे एक जबरदस्त चिकित्सीय कंपन पैदा करती हैं, जो आपके पूरे दिमाग और शरीर में फैल जाता है। ये रोग-निवारक, उपचारक, सुखदायक कंपन सभी नकारात्मक, भयग्रस्त, रोगग्रस्त विचारों को नष्ट कर देते हैं, बेअसर कर देते हैं और मिटा देते हैं, जिन्होंने आपके जीवन में सभी परेशानियाँ उत्पन्न की थीं; उनके अवतार तो तब गायब हो जाने चाहिए।

सर्दियाँ और बाढ़ आपके लिए खत्म हो जाती हैं, जब आप नियमित और व्यवस्थित रूप से शांति, खुशी, प्रेम और अच्छे विचारों की अवधारणा से अपना मन भर लेते हैं। आप कोई एक भजन संहिता पढ़कर ऐसा कर सकते हैं, जैसे कि इक्कीसवीं या इक्यानबेवीं और जो कुछ आप कहते हैं, उसकी सच्चाई को महसूस करके।

यह प्रार्थना है। इसे अकसर करते रहिए, जब तक आदत न बन जाए। प्रार्थना को भी एक आदत होना चाहिए।

सबकुछ एक ईश्वर और उसे प्रेम के दृष्टिकोण से कीजिए। उदाहरण के लिए जब आप खरीदारी करने जाते हैं तो खरीदने से पहले प्रार्थना कीजिए। कहिए, "ईश्वर मेरी हर खरीदारी में मेरा मार्गदर्शन करता है।"

सेल्समैन या सेल्सलेडी से शांतिपूर्वक कहिए, "ईश्वर उसे समृद्ध बना रहा है।"

जो कुछ भी आप करें, प्रेम और अच्छी नीयत से करिए। सब पर प्यार, शांति और अच्छी भावना उड़ेलिए। अकसर यह दावा करिए कि भगवान् का प्यार और उत्कृष्ट सौंदर्य मेरे सभी विचारों, शब्दों और क्रियाओं से प्रवाहित होता है। इसकी आदत बना लीजिए। अपने मन को अनंत सत्यताओं से भर लीजिए। फिर आप देखेंगे कि पृथ्वी पर फूल दिखाई देने लगे हैं। पक्षियों के गाने का समय आ गया है। आप फूल बनने लगेंगे। हाँ, आप खिलना शुरू कर देंगे।

जिन फूलों को आप देखते हैं, वे आपके मन में ईश्वर का जन्म होंगे। ईश्वर के मार्गदर्शन के फूल आप पर नजर रखेंगे और आपको हरे चरागाह व स्थिर पानी की ओर ले जाएँगे। ईश्वर के प्रेम के फूल आपके दिल में भर जाएँगे।

पृथ्वी का मतलब है—आपका शरीर, वातावरण, सामाजिक जीवन और इस वस्तुपरक धरा पर आवश्यक सभी चीजें।

जिन फूलों को आप देखते हैं, वे आपके मन में ईश्वर का जन्म होंगे। ईश्वर के मार्गदर्शन के फूल आप पर नजर रखेंगे और आपको हरे चरागाह व स्थिर पानी की ओर ले जाएँगे। ईश्वर के प्रेम के फूल आपके दिल में भर जाएँगे। अब जब आप कहीं भी मतभेद देखेंगे तो ईश्वर की संपूर्ण रचना में उसके प्रेम को सक्रिय देख सकेंगे—जब आप उसे महसूस करेंगे तो आप एक में प्रेम को आगे आते देखेंगे और दूसरे में फूल को।

जब आप किसी घर में जाते हैं, वहाँ विवाद, झगड़े और क्लेश देखते हैं तो आप अपने भीतर महसूस करेंगे कि इस घर में सभी के दिल व दिमाग में ईश्वर की शांति सबसे ऊपर है। आप शांति के फूल को प्रकट और अभिव्यक्त होते देखेंगे। जहाँ आप वित्तीय कमी और सीमा देखेंगे, वहाँ आप महसूस करेंगे कि ईश्वर की अनंत बहुतायत और संपत्ति निरंतर

प्रवाहित हो रही है, सभी खाली बरतनों को भर रही है और एक दैवीय अधिशेष छोड़कर जा रही है। जब आप ऐसा करेंगे तो आप ईश्वर के बाग में रहेंगे, जहाँ केवल ऑर्किड और सभी खूबसूरत फूल होते हैं; क्योंकि आपके मन में केवल भगवान् के विचार प्रसारित होते हैं।

हर रात जब आप सोने जाएँगे, आप प्रेम, शांति और प्रसन्नता के वस्त्र पहन लेंगे। अब से आप हमेशा इस भावना के साथ सोने जाएँगे कि अब आप वह हैं, जो होना चाहते हैं। आपके सोने से पहले की अंतिम अवधारणा आपके मन की गहराई में बैठ जाती है। आप उसे पुनर्जीवित करेंगे। अपने प्रेमी के भोजन-कक्ष में हमेशा अपनी एक नेक, मसीह के जैसी अवधारणा लेकर जाएँ। आपका प्रेमी आपको हमेशा वह देगा, जिसे आप सच समझते और मानते हैं। जिस किसी चीज की आप कल्पना कर सकते हैं, आपका प्रेमी उसे वास्तविकता बना सकता है। प्रेम हर चीज को जन्म देता है। आपकी अपने बारे में सोच से आपके कल निर्धारित होते हैं, जब आप अपने प्रेमी (आपके आदर्श) की बाँहों में सो जाते हैं।

> ***हर रात जब आप सोने जाएँगे, आप प्रेम, शांति और प्रसन्नता के वस्त्र पहन लेंगे। अब से आप हमेशा इस भावना के साथ सोने जाएँगे कि अब आप वह हैं, जो होना चाहते हैं। आपके सोने से पहले की अंतिम अवधारणा आपके मन की गहराई में बैठ जाती है।***

पक्षियों के गायन का समय आपके लिए आपके हाथ में होता है, जब आप वह पुराना कमी का गीत गाना बंद करते हैं। आपने लोगों को उस तरह का गाना गाते हुए सुना है, जो एक पुराने ग्रामोफोन रिकॉर्ड की तरह है—'मैं कितना अकेला हूँ; मेरे लिए चीजें कभी सही नहीं थीं; मुझे कभी कोई मौका नहीं मिला। मेरे साथ बहुत क्रूर व्यवहार हुआ।' 'मेरा तीन बार ऑपरेशन हो चुका है।' 'तुम्हें सुनना चाहिए कि मैंने कितना पैसा

गँवाया है।' हाँ, फिर वे सुनसान सड़क पर अपने डर के बारे में बताते हैं, साथ ही अपनी पसंद-नापसंद, पालतू जानवर के पेशाब के बारे में और घृणा के बारे में बताते हैं। ईश्वर के प्रेम से प्रभावित आप अब कभी वह गाना नहीं गाएँगे। आप नया गीत गाएँगे; क्योंकि ईश्वर के विचार और सच्चाइयाँ (पक्षी) आपके लिए गाएँगी।

तब आप एक नई भाषा में गाएँगे, जिसका मतलब है—शांति, खुशी, अच्छी भावना और प्रेम। अब आप लोगों और परिस्थितियों पर वैसी प्रतिक्रिया नहीं देंगे, जैसी देते थे। ईश्वर का गीत अब सुनाई दे रहा है। अब जब आपसे कोई कुछ बुरा या गलत कहता है तो आप तुरंत उसे इस एहसास के साथ बदल देंगे कि ईश्वर की शांति आपकी आत्मा में भर गई है। आप उसे सही विचारों की आग में भस्म कर देंगे और जब आप ऐसा करेंगे तो पक्षी वास्तव में आपके दिल और दिमाग में गाएँगे। आप खुश हैं; आप उत्साह से भर गए हैं और खुशी भरी प्रत्याशा से सब अच्छी चीजों को देख रहे हैं। आप जहाँ भी जाते हैं, अपने साथ शांति लेकर जाते हैं। वे सब लोग जो आपकी कक्षा के अंदर आते हैं, आपकी आंतरिक रोशनी से धन्य हो जाते हैं। आप पत्थरों में उपदेश, पेड़ों में जीभ, बहती नदियों में गीत और हर एक चीज में ईश्वर को देखने लगते हैं। कछुए की आवाज अब आपके देश में सुनाई देने लगी है।

तब आप एक नई भाषा में गाएँगे, जिसका मतलब है—शांति, खुशी, अच्छी भावना और प्रेम। अब आप लोगों और परिस्थितियों पर वैसी प्रतिक्रिया नहीं देंगे, जैसी देते थे। ईश्वर का गीत अब सुनाई दे रहा है।

टेनिसन ने कहा था, "तुम उससे बात करो, क्योंकि वह सुनता है। आत्मा से आत्मा मिलेगी। वह तुम्हारी साँस से भी अधिक निकट है—तुम्हारे हाथों और पैरों से भी पास।"

कबूतर की आवाज शांति की आवाज है, सहज बोध की आवाज है

और ईश्वर के आंतरिक मार्गदर्शन की आवाज है। आप उसे शांत रहकर सुन सकते हैं। उदाहरण के लिए, जब मैं बच्चा था तो एक बार जंगल में खो गया था। मैं एक पेड़ के नीचे बैठ गया। मुझे एक प्रार्थना याद आई, जो इन शब्दों से शुरू होती थी, "हमारे पिता, वे हमें रास्ता दिखाएँगे, चलो। वे शांत रहते हैं, हमारा मार्गदर्शन करेंगे।"

मेरे अंदर शांति की एक लहर दौड़ गई, जिसे मैं अभी भी याद कर सकता हूँ। कबूतर की आवाज वास्तविक बन गई। कबूतर अंतर्ज्ञान है, जिसका मतलब होता है—अंदर से सिखाया जाना। मेरे अंदर एक निश्चित दिशा में जाने की तीव्र भावना ने प्रवेश किया, जैसे कोई मुझे आगे बढ़ने के लिए धक्का दे रहा हो।

मैंने धीरे से दोहराया, "फादर, हमें रास्ता दिखाइए।"

मेरे अंदर शांति की एक लहर दौड़ गई, जिसे मैं अभी भी याद कर सकता हूँ। कबूतर की आवाज वास्तविक बन गई। कबूतर अंतर्ज्ञान है, जिसका मतलब होता है—अंदर से सिखाया जाना। मेरे अंदर एक निश्चित दिशा में जाने की तीव्र भावना ने प्रवेश किया, जैसे कोई मुझे आगे बढ़ने के लिए धक्का दे रहा हो। दो लड़के मेरे साथ आ गए, बाकी लोग नहीं आए। फिर जैसे कोई अदृश्य हाथ हमारा मार्गदर्शन करते हुए जंगल से बाहर ले गया।

महान् संगीतकारों ने भीतर के संगीत को सुना है। उन्होंने भीतर जो सुना, उसे लिख लिया। लिंकन ने ध्यान में स्वतंत्रता के सिद्धांत की बात सुनी थी। बीथोवेन ने सद्भाव के सिद्धांत को सुना था।

यदि आप गणित के सिद्धांत में अत्यधिक रुचि रखते हैं तो आप उसे प्यार करते हैं; जब आप उसे प्यार करेंगे तो वह अपने सभी रहस्यों को आपके सामने प्रकट कर देगा।

जीसस ने कबूतर की आवाज सुनी, जब उन्होंने कहा, "शांति, मैं

तुम्हारे साथ चलता हूँ; अपनी शांति मैं तुम्हें देता हूँ; वैसे नहीं जैसे दुनिया देती है, यह मैं तुम्हें देता हूँ। अपने दिल को परेशान मत होने दो, न ही उसे डरने दो।" आप कितना अच्छा महसूस करेंगे, जब आप इन शब्दों को आत्मसात् करेंगे और अपने मन को उनकी चिकित्सीय शक्ति से भर लेंगे।

जॉब ने कबूतर की आवाज सुनी, जब उसने कहा, "अब अपने आप से उसकी पहचान कराओ और शांति से रहो।" तुम उसे पूरी शांति में रखोगे, जिसका मन तुम्हारे साथ है—क्योंकि उसका तुम पर विश्वास है। क्योंकि ईश्वर उलझन का लेखक नहीं, बल्कि शांति का है।

जॉब ने कबूतर की आवाज सुनी, जब उसने कहा, "अब अपने आप से उसकी पहचान कराओ और शांति से रहो।" तुम उसे पूरी शांति में रखोगे, जिसका मन तुम्हारे साथ है—क्योंकि उसका तुम पर विश्वास है। क्योंकि ईश्वर उलझन का लेखक नहीं, बल्कि शांति का है।

आप कबूतर की आवाज सुन सकते हैं—अपने भीतर की अनंत बुद्धि की ओर मुड़कर, जो कहती है, "हे पिता! यही है जो मैं चाहता हूँ, फिर विशेष रूप से और स्पष्टता से उस चीज का नाम लें, जिसे पाने की आपको इच्छा है। अब आप अपनी इच्छा अपने भीतर की ईश्वर-बुद्धि को सौंप रहे हैं, जो सब जानती है, सब देखती है और जिसके पास पूर्णता की जानकारी है। आपको हमेशा पता होता है कि आपने अपनी इच्छा वास्तव में सौंपी है या नहीं। यदि आपके मन में उसको लेकर शांति है तो आपने सौंप दी है। यदि आप अशांत और चिंतित हैं तो आपने अपनी प्रार्थना को स्पष्ट नहीं किया है; आप अपने भीतर की ईश्वर-बुद्धि पर पूर्ण विश्वास नहीं करते।

यदि आपको मार्गदर्शन चाहिए तो दावा करिए कि अनंत बुद्धि इस समय आपका मार्गदर्शन कर रही है। वह अपने को आपके लिए सही कदम के रूप में पृथक् कर लेगी। आप जान जाएँगे कि आपको उत्तर मिल गया

है, क्योंकि शांति का कबूतर आपके कान में फुसफुसाएगा, 'शांति स्थिर है।' आपको दिव्य उत्तर का पता चल जाएगा, क्योंकि आपका मन शांत होगा और आपका निर्णय सही होगा।

हाल ही में एक लड़की विचार में पड़ी थी कि पर्याप्त रूप से अधिक पैसों के लिए न्यूयॉर्क में मिल रहा पद स्वीकार कर ले या वर्तमान पद पर लॉस एंजेल्स में ही रहे? रात को जब वह अपने बिस्तर पर सोने गई तो उसने अपने आप से यह प्रश्न पूछा, "यदि मैंने अभी सही निर्णय लिया तो मेरी प्रतिक्रिया क्या होगी?" उसे उत्तर मिला, "मुझे बहुत अच्छा महसूस होगा। मुझे सही निर्णय लेने पर खुशी महसूस होगी।" फिर उसने कहा, "मैं ऐसा बरताव करूँगी, जैसे मैंने सही निर्णय लिया है।" और वह बार-बार, 'कितनी अच्छी बात है! कितनी अच्छी बात है!' कहने लगी, जैसे कोई लोरी गा रही हो और इसी लोरी के साथ यह महसूस करते हुए सो गई कि 'यह कितनी अच्छी बात है!'

उस रात उसने एक सपना देखा और सपने में एक आवाज ने कहा, 'स्थिर खड़े रहो! स्थिर खड़े रहो!' वह तुरंत जाग गई और जाहिर है, समझ गई कि वह कबूतर की आवाज थी—अंतर्ज्ञान की आवाज।

उस रात उसने एक सपना देखा और सपने में एक आवाज ने कहा, 'स्थिर खड़े रहो! स्थिर खड़े रहो!' वह तुरंत जाग गई और जाहिर है, समझ गई कि वह कबूतर की आवाज थी—अंतर्ज्ञान की आवाज।

उसके भीतर का चौथा आयामी-स्व आगे देख सकता है। वह सब जानता है और सब देखता है। वह पूर्व में व्यापार के मालिकों के दिमाग को पढ़ सकता है। वह अपने वर्तमान पद पर बनी रही। बाद की घटनाओं ने उसकी भीतरी आवाज की सच्चाई को साबित कर दिया। पिछली कंपनी दिवालिया हो गई। "मैं, यहोवा, एक दृष्टांत में उसके सामने अपने को प्रकट करूँगा और एक स्वप्न में उससे बात करूँगा।"

"मेरा प्रिय मेरा है और मैं उसका हूँ। वह फूलों के बीच में खिलता है।" लिली के फूल पॉपी के फूलों का प्रतिनिधित्व करते हैं, जो पूर्व में खिलते हैं। खसखस के फूलों को हवा में लहराते देखना बहुत सुंदर दृश्य होता है। यहाँ प्रेरित बाइबल लेखक आपको ईश्वर से प्रेम करने के लिए कह रहे हैं। जब आप ईश्वर की उपस्थिति की ओर बढ़ते हैं तो यह आपकी ओर मुड़ जाता है। आप रहस्यवादी विवाह का, वैवाहिक आनंद का अनुभव करते हैं; फिर आप नई शराब, जीवन की नई व्याख्या से भर जाते हैं।

लिली के फूल सौंदर्य, व्यवस्था, संतुलन और अनुपात का प्रतीक हैं। जब आप इस महान् सच्चाई को ग्रहण कर रहे हैं कि ईश्वर अवर्णनीय सौंदर्य, असीम प्रेम, निरपेक्ष परमानंद, पूर्ण सद्भाव और अनंत शांति है, तब आप वास्तव में लिली के बीच भोज कर रहे होते हैं।

लिली के फूल सौंदर्य, व्यवस्था, संतुलन और अनुपात का प्रतीक हैं। जब आप इस महान् सच्चाई को ग्रहण कर रहे हैं कि ईश्वर अवर्णनीय सौंदर्य, असीम प्रेम, निरपेक्ष परमानंद, पूर्ण सद्भाव और अनंत शांति है, तब आप वास्तव में लिली के बीच भोज कर रहे होते हैं। जब आप दावा करते हैं कि जो परमेश्वर के लिए सच है, वह आपके लिए भी सच है तो आपके जीवन में चमत्कार होंगे। यह महसूस करने पर और जानने पर कि ईश्वर के ये गुण आपके माध्यम से व्यक्त किए जा रहे हैं, और यह कि आप ईश्वर के लिए एक माध्यम हैं, आपके अस्तित्व का प्रत्येक अणु शाश्वत ईश्वर की लय पर नृत्य करना शुरू कर देता है। लिली के बीच पोषित होने से आपके मन, शरीर और व्यावसायिक दुनिया में सौंदर्य, व्यवस्था, सद्भाव एवं शांति प्रकट होने लगते हैं; आप ईश्वर, जीवन और ईश्वर की अनंत समृद्धि के साथ अपनी एकरूपता महसूस करने लगते हैं। आपका आपके प्रिय के साथ विवाह हो चुका है, क्योंकि अब आप ईश्वर से विवाहित

हैं। आप ईश्वर की दुलहन हैं (मैं हूँ)। इस पल के आगे से आप अपने प्रियतम के बच्चों को जन्म देंगे; उनमें उनके माता-पिता की छवि और समानता होगी।

पिता ईश्वर का विचार है; माता उस विचार का भावनात्मक रूप और उसका व्यक्तिपरक अवतार है। विचार और भावना के इस संगम से आपका स्वास्थ्य, विपुलता, प्रसन्नता और आंतरिक शांति उत्पन्न होती है।

इस बात के प्रति पूरी तरह से सुनिश्चित हों कि आप कह सकें, "ध्यान से देखो, तुम अच्छे हो!" आपके मन में अपने या दूसरों के प्रति कोई असंतोष, दुर्भावना, निंदा और किसी की आलोचना नहीं होनी चाहिए। ईश्वर का प्रेम आपके मन में हर स्थान के सभी व्यक्तियों के लिए वास्तव में भरा होना चाहिए।

बैठ जाइए और लिली के फूलों के बीच भोजन करिए, यह जानते हुए कि साल की हर रात जब आप सोने जाते हैं तो आप राजाओं के राजा, यहोवाओं के यहोवा और शांति के राजकुमार के सामने जाते हैं। उनकी पवित्र उपस्थिति में प्रवेश करते समय यह सुनिश्चित करें कि आपने ठीक से कपड़े पहने हुए हैं। यदि आप राष्ट्रपति के सामने जा रहे होते तो सबसे अच्छे कपड़े पहनते। जो कपड़े आप हर रात अपने मन के स्वर्ग में प्रवेश करते समय पहनते हैं, वे आपके मूड या स्वर का प्रतिनिधित्व करते हैं। सुनिश्चित करें कि वह हमेशा प्रेम, शांति और सबके लिए सद्भाव का वैवाहिक परिधान हो।

इस बात के प्रति पूरी तरह से सुनिश्चित हों कि आप कह सकें, "ध्यान से देखो, तुम अच्छे हो!" आपके मन में अपने या दूसरों के प्रति कोई असंतोष, दुर्भावना, निंदा और किसी की आलोचना नहीं होनी चाहिए। ईश्वर का प्रेम आपके मन में हर स्थान के सभी व्यक्तियों के लिए वास्तव में भरा होना चाहिए। आपको ईमानदारी से सबके लिए वह इच्छा करनी चाहिए, जो आप अपने लिए करते हैं। तब आप अपने मूड या भावना से

कह सकते हैं, "देखो, तुम अच्छे हो।" और जब आप प्रार्थना के लिए खड़े हों, तो क्षमा कर दें, यदि आपको किसी को क्षमा करना है तो।

"मेरा प्रियतम मेरा है।" वह ईश्वर पूरा तुम्हारा है, क्योंकि ईश्वर तुम्हारे भीतर है। आपकी जो भी संभावित इच्छा हो सकती है, वह पहले से ही आपकी हो चुकी है। लिली के साथ भोजन करने के लिए आपको बाहर से किसी सहायता की आवश्यकता नहीं है।

आज रात जब आप सोने जाएँ तो हर किसी को क्षमा कर दें। कल्पना करें और महसूस करें कि आपकी इच्छा पूरी हो चुकी है। असफलता के सभी विचारों के प्रति बिलकुल और पूरी तरह से उदासीन हो जाएँ, क्योंकि अब आप नियम जानते हैं। जब आप अंत को स्वीकार करते हैं, जैसा कि ट्रोवार्ड ने इतनी खूबसूरती से कहा है, तो अपने अंत की प्राप्ति के साधनों की इच्छा की है।

> *आज रात जब आप सोने जाएँ तो हर किसी को क्षमा कर दें। कल्पना करें और महसूस करें कि आपकी इच्छा पूरी हो चुकी है। असफलता के सभी विचारों के प्रति बिलकुल और पूरी तरह से उदासीन हो जाएँ, क्योंकि अब आप नियम जानते हैं।*

जब आप नींद में प्रवेश करने जा रहे हों तो अपने आपको अपनी इच्छा के होने या रखने की भावना में ज्वलंत रखें। जब आप सोने जाते हैं तो आपकी मानसिक स्वीकार्यता या आपकी भावना वह अनुरोध होती है, जो आप अपने प्रियतम से करते हैं। फिर वह आपके अनुरोध (अवचेतन मन में विश्वास) को देखती है और निरपेक्ष प्रेमी होने के नाते आपको वह देती है, जो आपने माँगा है।

"सुबह होने और छायाओं के दूर चले जाने तक आप लिली तले भोजन करते हैं।" ये छायाएँ भय, संदेह, चिंता और वे सभी कारण हैं कि आप कोई कार्य क्यों नहीं कर सकते। हमारी पाँचों इंद्रियों और जाति के विश्वास की छाया हम सभी के दिमागों पर मँडराती हैं, जब हम प्रार्थना

करते हैं। जब आप प्रार्थना करते हैं, तो उसे सत्य मानें, जिसे आपका तर्क और पाँचों इंद्रियाँ अस्वीकार करती हैं। राह के हर कदम में विश्वास से भरे होकर अपने विचार के प्रति निष्ठावान् रहें। जब आपकी चेतना पूरी तरह आपकी इच्छा की स्वीकृति के योग्य हो जाएगी तो सारा भय दूर होता चला जाएगा। अपने आदर्श या इच्छा की वास्तविकता पर भरोसा करें, जब तक आप उसके होने की भावना से पूरी तरह भर न जाएँ। तब दिन निकलेगा और सभी छायाएँ दूर चली जाएँगी। हाँ, आपकी प्रार्थना का उत्तर आएगा और आपके मन के आकाश को प्रकाशित करेगा, जिससे आपको शांति मिलेगी।

चाहे समस्या कोई भी हो, चीजें कितनी ही गंभीर, अंधकारपूर्ण या निराशाजनक क्यों न प्रतीत हों, आप ईश्वर की ओर मुड़ें और कहें, "ईश्वर और आकाश में सब कैसा है ?" जवाब धीरे से आपके मन में आएगा, "जैसे स्वर्ग से ओस गिरी हो—सर्वत्र शांति, खुशी, आनंद, पूर्णता, संपूर्णता, सद्भाव और सौंदर्य है," तब आप अपनी इंद्रियों के सबूत को अस्वीकार कर दें। ईश्वर और स्वर्ग की लिली के बीच बैठ भोजन करें, जैसे शांति, सद्भाव, खुशी और पूर्णता।

अनुभव करें कि जो ईश्वर के लिए सच है, वह आपके और आपके वातावरण के बारे में भी सच होना चाहिए। ईश्वर में इस स्थायी विश्वास और भरोसे को जारी रखें, जब तक 'दिन न निकले और छायाएँ दूर न चली जाएँ।'

□

2

ईश्वर की उपस्थिति का अभ्यास

"मैं तेरी आत्मा में से किधर जाऊँ? या तेरी उपस्थिति से कहाँ चला जाऊँ? मैं ऊपर आकाश में चढ़ता हूँ, तू वहाँ होता है। यदि मैं सुबह के पंख लेता हूँ और समुद्र के संपूर्ण हिस्सों में रहता हूँ, वहाँ भी तेरा हाथ मुझे राह दिखाएगा और तेरा दाहिना हाथ मुझे थाम लेगा।"

यह एक सौ उनतालीसवाँ अध्याय 'बाइबल' के सबसे खूबसूरत संदर्भों में से एक है। यह सत्य की एक अतुलनीय व अनमोल मणि है। सुंदरता और भव्यता लिये इस संदर्भ की भाषा नायाब है। इस अंश में ईश्वर की सर्वज्ञता पर डेविड की अद्‌भुत संकल्पना की प्राप्ति हुई थी।

'बाइबल' में रेखांकित किया गया धर्म ईश्वर की उपस्थिति के अभ्यास का है। आपको पता चलेगा कि इस सत्य को समझना और इसका बुद्धिमानी से अभ्यास करना स्वास्थ्य, सद्‌भाव, शांति और आध्यात्मिक प्रगति पाने का रास्ता है। उपस्थिति का अभ्यास कल्पना से अधिक शक्तिशाली है। हमें इसकी सरलता के कारण इसकी उपेक्षा नहीं करनी चाहिए।

पहला कदम यह समझना है कि ईश्वर ही एकमात्र शक्ति है। दूसरी चीज, जिससे हमें अवगत होना है, वह यह है कि सभी चीजें—चाहे वे कुछ भी हों—अभिव्यक्ति में ईश्वर का प्रतिनिधित्व करती हैं। यह पूरी दुनिया अनंत विभेदन में ईश्वर है, क्योंकि ईश्वर कभी स्वयं को दोहराता नहीं है। यही पूरी कहानी है और सबसे महान् सत्य भी। यह वास्तव में सर्व-समावेशी, सर्वव्यापी सत्य है।

मैं कई छात्रों को जानता हूँ, जो प्रतिदिन पाँच या दस मिनट के लिए बैठते हैं और इस तथ्य पर ध्यान करते हैं कि ईश्वर ही एकमात्र उपस्थिति व शक्ति है। वे इस परम सत्य पर अपना ध्यान केंद्रित होने देते हैं। वे इसे हर नजरिए से देखते हैं, फिर सोचने लगते हैं कि हर वह व्यक्ति, जिससे वे मिलते हैं, ईश्वर की एक अभिव्यक्ति है; कि वास्तव में वह सब जो वे देखते हैं, ईश्वर-निर्मित है; वह ईश्वर है, जो स्वयं को व्यक्त करने की खुशी में नाट्य रूप में बदल रहा है। ऐसा करते हुए वे अपनी पूरी दुनिया को बदलता हुआ पाते हैं। वे बेहतर स्वास्थ्य का अनुभव करते हैं। उनकी बाह्य परिस्थितियाँ सुधरने लगती हैं और उनमें एक नई ऊर्जा एवं जीवन शक्ति आ जाती है।

> ***आपकी पूरी दुनिया बदल जाएगी, जब आप वास्तव में हर एक वस्तु और हर एक व्यक्ति में ईश्वर को देखने लगेंगे। 'क्योंकि तुम मैदान के पत्थरों की निकटता में रहोगे और मैदान के जानवर तुम्हारे साथ शांति से रहेंगे, तुम जान जाओगे कि तुम्हारा मंदिर शांति में रहेगा।'***

आपकी पूरी दुनिया बदल जाएगी, जब आप वास्तव में हर एक वस्तु और हर एक व्यक्ति में ईश्वर को देखने लगेंगे। 'क्योंकि तुम मैदान के पत्थरों की निकटता में रहोगे और मैदान के जानवर तुम्हारे साथ शांति से रहेंगे, तुम जान जाओगे कि तुम्हारा मंदिर शांति में रहेगा।' इसका मतलब यह है कि वह व्यक्ति, जो हर जगह ईश्वर को देखना शुरू कर देता है, जो अच्छी चीजों का अनुसरण और अभ्यास करता है, वह किसी बात से नहीं डरेगा। वास्तव में पूरी दुनिया उसकी सहयोगी व दोस्त होगी और हर चीज उसे सहायता की पेशकश करेगी, चाहे वह चेतन हो या अवचेतन।

दूसरों की दृष्टि में ईश्वर की उपस्थिति को बड़ा करने का एकमात्र तरीका है—हर समय ईश्वर के प्रेम की किरणों को प्रसारित करना। ईश्वर से या सत्य से प्रेम करें। आप अच्छाई के लिए एक दिव्य अनिवार्यता के

अधीन रहेंगे। आप गलत नहीं करेंगे। आपको पता चलेगा कि आप कभी कोई वास्तविक गलती नहीं करते, न ही गलत निर्णय लेते हैं। सभी अच्छी चीजों या सत्य के लिए प्रेम वास्तव में गहराई से स्पर्श होता है।

एक इमारत में उसका ऊपरी ढाँचा बुनियाद पर निर्भर करता है। आप अपनी बुनियाद ईश्वर और सिर्फ ईश्वर को रहने दें। आप हमेशा ईश्वर की उपस्थिति का एहसास कर रहे होते हैं, जब आप अपने मस्तिष्क को सच्चे विचारों से सक्रिय करते हैं, जो आपका उपचार करते हैं और आपको मजबूत बनाते हैं। आपके मस्तिष्क को निरंतर सफाई, अनुशासन और निर्देश की आवश्यकता होती है। ईश्वर की उपस्थिति का एहसास करके आप लगातार अपने दिमाग की सफाई कर रहे हैं। यही प्रार्थना है।

पूरे दिन हर व्यक्ति और परिस्थिति के बारे में, जिससे आप मिलते हैं, 'एक ईश्वर' के दृष्टिकोण से सोचें। काम करते समय ईश्वर को अपना साझीदार समझते हुए प्रार्थना करें, ईश्वर आपके सभी सहकर्मियों के माध्यम से सक्रिय रहेगा।

एक इमारत में उसका ऊपरी ढाँचा बुनियाद पर निर्भर करता है। आप अपनी बुनियाद ईश्वर और सिर्फ ईश्वर को रहने दें। आप हमेशा ईश्वर की उपस्थिति का एहसास कर रहे होते हैं, जब आप अपने मस्तिष्क को सच्चे विचारों से सक्रिय करते हैं, जो आपका उपचार करते हैं और आपको मजबूत बनाते हैं।

अपनी कार चलाते समय प्रार्थना करें, यह समझते हुए कि आपका वाहन ईश्वर के लिए एक स्थान से दूसरे स्थान पर स्वतंत्रता, खुशी और प्रेम से जाने का विचार है।

जब आप किसी दुकान में जाएँ तो इस एहसास के साथ प्रार्थना करें कि ईश्वर आपकी खरीदारी को निर्देशित करता है कि ईश्वर उस क्लर्क को समृद्धि प्रदान कर रहा है, जो आपका काम कर रहा है। वह दुकान ईश्वर की बुद्धि द्वारा शासित और निर्देशित की जा रही है।

प्रार्थना को हर काम करने का व्यवस्थित, सही तरीका होने दें। अपने हर लेन-देन में स्वर्णिम नियम का अभ्यास करें। ऐसा करके आप अपने मन में ईश्वर का नियम लिख रहे हैं।

आपके लिए ईश्वर की सही धारणा और समझ होनी आवश्यक है। क्या आपने ध्यान किया है? या फिर क्या आपने स्वयं से पूछा है कि ईश्वर क्या है? ईश्वर की आपकी धारणा आपके पूरे भविष्य को ढालती है, सजाती है और आकार देती है। ईश्वर के बारे में आपकी वास्तविक धारणा अत्यधिक महत्त्व रखती है। आपके साथ वैसा ही होता है, जैसा आप मानते हैं। यदि आप कहते और मानते हैं कि ईश्वर ही एकमात्र उपस्थिति, एकमात्र शक्ति, अनंत रूप से अच्छा, सर्वोत्तम, असीम प्रेम और अपरिमित जीवन है तो आपका संपूर्ण जीवन बदल जाएगा।

> ***यदि आप कहते हैं, "ओह, मैं नहीं जानता कि मैं ईश्वर के बारे में क्या सोचता हूँ; मेरे विचार उलझन में और गड्ड-मड्ड हैं।" तो आपके जीवन में उलझन का साम्राज्य होगा। वास्तव में, इस बात से कोई फर्क नहीं पड़ता कि आप ईश्वर को किस नाम से बुलाते हैं—सच्चाई, अनंत बुद्धि, अस्तित्व, जीवन, अल्लाह या ब्रह्मा।***

यदि आप कहते हैं, "ओह, मैं नहीं जानता कि मैं ईश्वर के बारे में क्या सोचता हूँ; मेरे विचार उलझन में और गड्ड-मड्ड हैं।" तो आपके जीवन में उलझन का साम्राज्य होगा। वास्तव में, इस बात से कोई फर्क नहीं पड़ता कि आप ईश्वर को किस नाम से बुलाते हैं—सच्चाई, अनंत बुद्धि, अस्तित्व, जीवन, अल्लाह या ब्रह्मा। ईश्वर का वास्तविक नाम, जहाँ तक आपकी बात है, ईश्वर के बारे में आपकी धारणा या मान्यता है।

एक बार एक आदमी ने मुझसे कहा, "मैं ईश्वर में विश्वास करता हूँ और मेरे लिए बस, यही मायने रखता है।"

मैंने उससे पूछा, "लेकिन मुझे बताओ, तुम किस तरह के ईश्वर में विश्वास रखते हो?"

उसने कहा, "मैं प्रकृति के नियमों में विश्वास करता हूँ।"

यह ईश्वर का उसका विचार था और वह इस मान्यता के परे नहीं जा सकता। वह उस मान्यता के अधीन है, जिससे उसके भीतर की शक्तियाँ सीमित हो गई हैं। उसे नहीं पता था कि ईश्वर उसका अपना जीवन है, कि वह अपने विचार से इस उपस्थिति से संपर्क कर सकता है, कि उसे मार्गदर्शन प्राप्त हो सकता है और वह प्रार्थना से अपने शरीर को ठीक कर सकता है। वह भगवान् के बारे में अपने सीमित विश्वास से बँधा था। अनेक लोगों ने मुझसे कहा है कि 'ईश्वर आकाश में एक तरह का आदमी है—एक तरह का महिमामय आदमी।' अन्य लोगों का कहना और मानना है कि 'ईश्वर में तीन प्रकार के आदमी होते हैं। आपके सामने हमेशा आपके विश्वास का परिणाम प्रकट होगा। यदि आप मानते हैं कि ईश्वर आकाश में रहनेवाला किसी प्रकार का अत्याचारी या गूढ़ जीव है, जो न्याय करने और आपकी गलतियों के लिए तथा मानव-निर्मित नियमों एवं धार्मिक प्रतिबंधों के उल्लंघन के लिए सजा देने को तैयार रहता है तो आप इस विश्वास से बँधे होते हैं। आप दर्द, दुःख, अपराध-भावना इत्यादि का कारण बनते हैं। इसीलिए क्विम्बी ने कहा था कि 'मनुष्य व्यक्त मान्यता है।'

यह ईश्वर का उसका विचार था और वह इस मान्यता के परे नहीं जा सकता। वह उस मान्यता के अधीन है, जिससे उसके भीतर की शक्तियाँ सीमित हो गई हैं। उसे नहीं पता था कि ईश्वर उसका अपना जीवन है, कि वह अपने विचार से इस उपस्थिति से संपर्क कर सकता है...

ईश्वर की आपकी अवधारणा आपके जीवन के सभी विभागों में प्रवेश करती है। उसका आप पर प्रभाव पड़ना निश्चित है। ईश्वर जीवन है और

जीवन प्रेम, प्रकाश, सत्य एवं सौंदर्य के रूप में स्वयं को व्यक्त करना चाहता है। जीवन मृत्यु, बीमारी या बीमारी की इच्छा नहीं कर सकता। यह कहना कि जीवन मौत चाहता है, उसकी अपनी प्रकृति का उल्लंघन होगा। जीवन की प्रवृत्ति किसी प्रकार की सीमा की ओर नहीं हो सकती। जीवन एकता है, एक पूर्णता है, समानता है और जीवन निर्मित ब्रह्मांड में एकता को अभिव्यक्त करना चाहता है।

उपस्थिति का अभ्यास करने के लिए आपको ईश्वर की इच्छा पूरी करनी चाहिए। इसका क्या मतलब है? ईश्वर की इच्छा हमेशा ईश्वर की प्रकृति होती है। आप आश्वस्त रह सकते हैं कि ईश्वर की इच्छा हमेशा कुछ अद्भुत और महिमापूर्ण होगी। 'उसका नाम होगा—अद्भुत परामर्शदाता, पराक्रमी परमेश्वर, सदाबहार पिता, शांति का राजकुमार।'

उपस्थिति का अभ्यास करने के लिए आपको ईश्वर की इच्छा पूरी करनी चाहिए। इसका क्या मतलब है? ईश्वर की इच्छा हमेशा ईश्वर की प्रकृति होती है। आप आश्वस्त रह सकते हैं कि ईश्वर की इच्छा हमेशा कुछ अद्भुत और महिमापूर्ण होगी।

यदि आपकी इच्छा, विचार या इरादा रचनात्मक है; यदि वह दूसरों को आशीर्वाद देगा, यदि वह सद्भाव के सार्वभौमिक सिद्धांत के अनुरूप है तो आपकी इच्छा या आकांक्षा परमेश्वर की इच्छा है। धन, उचित स्थान, विपुलता, सुरक्षा और रहने की बेहतर जगह के लिए आपकी इच्छा जीवन या ईश्वर की इच्छा या प्रवृत्ति के अनुरूप है।

जीवन हमेशा आपके माध्यम से स्वयं को उच्च स्तर पर अभिव्यक्त करने की तलाश में रहता है। अपने दिमाग में इस अवधारणा को बैठा लीजिए कि ईश्वर ही एकमात्र उपस्थिति और शक्ति है तथा ईश्वर अनंत रूप से अच्छा और सर्वोत्तम है। ईश्वर की कुछ विशेषताओं और गुणों के बारे में सोचिए, जैसे असीम प्रेम, अनंत बुद्धि, अवर्णनीय सौंदर्य,

सर्वशक्तिमान, सर्वज्ञानी, सर्वभूत। ईश्वर के बारे में इन सत्यों पर विश्वास कीजिए और आपका पूरा जीवन बदल जाएगा। आप प्रतिदिन अधिक-से-अधिक ईश्वर जैसे गुणों को अभिव्यक्त करने लगेंगे। विश्वास कीजिए कि ईश्वर संपूर्ण जीवन है, संपूर्ण प्रेम है, संपूर्ण सत्य है और संपूर्ण सौंदर्य है। उसको उसी प्रकार स्वीकार कीजिए, जैसे आप प्रतिदिन आकाश में सूरज को स्वीकार करते हैं। तब आपको अपने दिल व दिमाग में शांति और सद्भाव की महान् भावना प्रवेश करती महसूस होगी।

क्या आप एक तामसिक, मनमौजी, मानव रूपी देवता में विश्वास करते हैं, जो आपके पास बीमारियाँ, परीक्षाएँ, क्लेश भेजता है? ऐसे विश्वास के प्रभाव को देखें—यदि आप ऐसा करेंगे तो आप उस आदमी की तरह होंगे, जिसने एक बार मुझसे कहा था, "ईश्वर ने यह गठिया मेरे पास किसी अच्छे उद्देश्य से भेजा है। मुझे लगता है कि इसको बरदाश्त करना चाहिए।" यह अंधविश्वास है। मन की ऐसी प्रवृत्ति का कोई आधार नहीं है। उसे पंद्रह वर्षों से गठिया था और वह उसे हरा नहीं पाया था।

जब गठिया से ग्रस्त उस आदमी को ईश्वर की एक नई अवधारणा मिली और उसने उन लोगों को माफ करना सीख लिया, जिनसे वह गहरी नफरत करता था, इस एहसास के साथ कि ईश्वर का प्यार उसके मन और शरीर में हर चीज को स्वयं से विपरीत रूप में घोल रहा था तो वह ठीक हो गया।

जब गठिया से ग्रस्त उस आदमी को ईश्वर की एक नई अवधारणा मिली और उसने उन लोगों को माफ करना सीख लिया, जिनसे वह गहरी नफरत करता था, इस एहसास के साथ कि ईश्वर का प्यार उसके मन और शरीर में हर चीज को स्वयं से विपरीत रूप में घोल रहा था तो वह ठीक हो गया। हालाँकि इसमें कुछ महीनों का समय लग गया। उस आदमी की ईश्वर की अवधारणा काम कर गई और उसने स्वयं को उसकी मान्यता

के अनुसार उसके शरीर में प्रकट कर दिया।

वह ईश्वर के बारे में आपका सैद्धांतिक विश्वास नहीं है, जो स्वयं को प्रकट करता है; बल्कि आपका वास्तविक, गहरा, अवचेतन विश्वास है।

ऐसे कई लोग हैं, जो उपस्थिति का अभ्यास करना भूल जाते हैं, जब एक मुकदमा या फैसला उनके खिलाफ चला जाता है। भले ही न्यायाधीश ने एक ऐसा फैसला प्रदान किया हो, जो आपको अन्यायपूर्ण लगता है; लेकिन आप यह विश्वास करना जारी रखें कि यह कार्य ईश्वर कर रहा है; यह कि सभी संबंधित लोगों के लिए एक दिव्य सामंजस्यपूर्ण समाधान मौजूद है। उचित समय आने पर यह मामला सही हो जाएगा। आप हार नहीं सकते, उपस्थिति के अभ्यास द्वारा सिर्फ जीत सकते हैं।

यदि आप मानते हैं कि भगवान् आकाश में कोई आदमी है तो आपको ऐसी अवधारणा के परिणाम का अनुभव करना चाहिए। इसके परिणामस्वरूप आप भ्रम और परेशानी का अनुभव करते हैं; बस, वैसे ही जैसे कोई आदमी अपनी पूरी सनक के साथ दुनिया को चला रहा हो।

यदि आप मानते हैं कि भगवान् आकाश में कोई आदमी है तो आपको ऐसी अवधारणा के परिणाम का अनुभव करना चाहिए। इसके परिणामस्वरूप आप भ्रम और परेशानी का अनुभव करते हैं; बस, वैसे ही जैसे कोई आदमी अपनी पूरी सनक के साथ दुनिया को चला रहा हो।

ईश्वर शुद्ध आत्मा, अनंत मन और अनंत बुद्धि है। बाइबल ईश्वर का नाम 'मैं हूँ' बताती है, जिसका अर्थ है—शुद्ध, सहज अस्तित्व। बेशक, कोई भी ईश्वर को परिभाषित नहीं कर सकता, क्योंकि ईश्वर अनंत है; लेकिन कुछ सत्य हैं, जिन्हें हर युग के प्रकाशित लोगों ने ईश्वर के लिए सच माना है। इसीलिए बाइबल कहती है, 'मैं वह हूँ, जो हूँ।' 'मैं हूँ' क्या है ? वह आपका सच्चा अस्तित्व है—आपका वास्तविक स्व; कोई भी

आपके लिए 'मैं हूँ' नहीं कह सकता। वह आपमें ईश्वर की उपस्थिति और आपकी असली पहचान है। 'मैं हूँ' में आप जो भी जोड़ देते हैं और मानते हैं, आप बन जाते हैं। हमेशा दावा करें कि 'मैं मजबूत, शक्तिशाली, दीप्तिमान, प्रसन्न, आनंदित, प्रकाशित और प्रेरित हूँ।' तब आप वास्तव में उपस्थिति का अभ्यास कर रहे होंगे, क्योंकि ये सब विशेषताएँ ईश्वर के लिए सच हैं।

जब आप कहते हैं, 'मैं कमजोर हूँ,' 'मैं कमतर हूँ', 'मैं किसी काम का नहीं हूँ', तो आप अपने बीच ईश्वर की उपस्थिति से इनकार कर रहे हैं और उसके बारे में झूठ बोल रहे हैं। सत्रहवीं सदी के ब्रदर लॉरेंस एक भिक्षुक थे। वे एक संत आदमी और ईश्वर के प्रति पूरी तरह समर्पित थे। 'द प्रैक्टिस ऑफ द प्रेजेंस ऑफ गॉड' (ईश्वर की उपस्थिति का अभ्यास) शीर्षक से उनकी पुस्तक महान् विनम्रता, सादगी और ईश्वर के साथ रहस्यमय संपर्क को प्रकट करती है। 'ईश्वर की इच्छा पूरी करना ही उनका पूरा काम था।' ब्रदर लॉरेंस बरतन धोते या फर्श साफ करते हुए ईश्वर की उपस्थिति का अभ्यास करते थे। उनका दृष्टिकोण था कि यह सब ईश्वर का काम था। ईश्वरीय उपस्थिति के बारे में उनकी जागरूकता तब भी उतनी ही होती थी, जब वे रसोईघर में कार्यरत होते, जितनी कि तब, जब वह वेदी के सामने होते थे। ब्रदर लॉरेंस के लिए ईश्वर तक जाने का मार्ग हृदय और प्रेम से होकर जाता था। उनके वरिष्ठ उस आदमी पर अचंभित थे, जो हालाँकि सिर्फ लिख और पढ़ पाने जितना शिक्षित था, लेकिन स्वयं

जब आप कहते हैं, 'मैं कमजोर हूँ,' 'मैं कमतर हूँ', 'मैं किसी काम का नहीं हूँ', तो आप अपने बीच ईश्वर की उपस्थिति से इनकार कर रहे हैं और उसके बारे में झूठ बोल रहे हैं। सत्रहवीं सदी के ब्रदर लॉरेंस एक भिक्षुक थे। वे एक संत आदमी और ईश्वर के प्रति पूरी तरह समर्पित थे।

को इतनी खूबसूरती और गहन ज्ञान के साथ अभिव्यक्त कर सकता था। यह उसके अंदर परमेश्वर की आवाज थी, जिसने उनके सभी कथनों को प्रेरित किया।

वे प्रतिदिन ईश्वर की पवित्र उपस्थिति का अभ्यास इस प्रकार करते थे। वे प्रभाव में कहते थे, "मैंने स्वयं को आपके संरक्षण में छोड़ दिया है। मैं आपका काम कर रहा हूँ, इसलिए सबकुछ ठीक होगा।" कितनी खूबसूरत बात है! कितनी साधारण, लेकिन आत्मा को झकझोरनेवाली है यह प्रार्थना! उन्होंने कहा कि एकमात्र दु:ख, जिसका वे अनुभव कर सकते थे, वह ईश्वर की उपस्थिति की भावना का खो जाना होगा; लेकिन उन्हें कभी इस बात का डर नहीं था, क्योंकि वे ईश्वर के प्रेम और असीम अच्छाई से पूरी तरह अवगत थे।

> ***वे प्रतिदिन ईश्वर की पवित्र उपस्थिति का अभ्यास इस प्रकार करते थे। वे प्रभाव में कहते थे, "मैंने स्वयं को आपके संरक्षण में छोड़ दिया है। मैं आपका काम कर रहा हूँ, इसलिए सबकुछ ठीक होगा।" कितनी खूबसूरत बात है! कितनी साधारण, लेकिन आत्मा को झकझोरनेवाली है यह प्रार्थना!***

अपने शुरुआती जीवन में वे डरते थे कि वे शापित हो जाएँगे। उनके दिमाग पर यह अत्याचार चार साल चला; फिर उन्होंने देखा कि इस नकारात्मकता का पूरा कारण ईश्वर में विश्वास का अभाव था। यह समझने पर वे मुक्त हो गए और निरंतर प्रेम और प्रसन्नता के जीवन में प्रवेश कर गए।

ब्रदर लॉरेंस ने स्वयं को इस प्रकार प्रशिक्षित किया था कि चाहे वे भोजन पका रहे हों, बेकिंग कर रहे हों या रसोईघर में बरतन धो रहे हों, एक पल के लिए ही सही, उन्हें अपने अस्तित्व के केंद्र के रूप में ईश्वर के बारे में सोचना था, उनकी उपस्थिति के प्रति जागरूक होना था और उनके साथ एक गुप्त बैठक रखना था। अपने भीतर की रोशनी के

कारण जब उन्होंने आत्मा के उत्साह का आनंद उठाया तो वे गहन शांति के क्षेत्र में आ गए।

अब आप ईश्वर की उपस्थिति का अभ्यास करना शुरू कर दीजिए। अपनी दृष्टि ईश्वर पर रखते हुए, सब अच्छी चीजों पर रखते हुए, जिससे भी आप मिलें, उसमें ईश्वर को देखते हुए और लगातार इस बात की पुष्टि करते हुए कि "मेरे जीवन के हर एक विभाग में ईश्वर सक्रिय है।" ईश्वर की पवित्र उपस्थिति पर भरोसा कीजिए कि वह आपको हरी चरागाह और स्थिर जल की ओर ले जाएगी। सत्य को उस प्रेम के साथ प्रेम करें, जिसमें देखभाल या संदेह के लिए कोई स्थान न हो। चाहे आपका काम कुछ भी हो, जब आप काम के लिए निकलें तो कहें, "ईश्वर मुझमें चलता और बोलता है। मैं ईश्वर के मार्गदर्शन और ज्ञान पर पूरी तरह निर्भर हूँ।" एक उत्तम दिन के लिए धन्यवाद दें। वह करें, जो ब्रदर लॉरेंस कहते हैं—"जब भी आपका ध्यान भय या संदेह की ओर भटके, उसे ईश्वर की पवित्र उपस्थिति के चिंतन में वापस लाएँ।"

अब आप ईश्वर की उपस्थिति का अभ्यास करना शुरू कर दीजिए। अपनी दृष्टि ईश्वर पर रखते हुए, सब अच्छी चीजों पर रखते हुए, जिससे भी आप मिलें, उसमें ईश्वर को देखते हुए और लगातार इस बात की पुष्टि करते हुए कि "मेरे जीवन के हर एक विभाग में ईश्वर सक्रिय है।"

शांति एवं आनंद के जीवन को सुरक्षित करने और जानने के लिए अपने आप को ईश्वर के साथ दिन भर एक अंतरंग, प्रेमपूर्ण, परिचित, विनम्र वार्त्तालाप करने के लिए प्रतिदिन प्रशिक्षित करें। इस प्रकार, आप ईश्वर की कृपा को विपुलता में आकर्षित करेंगे। आप एक अंदरूनी रोशनी से प्रकाशित हो जाएँगे और ईश्वर—अपने प्रियतम की आंतरिक दृष्टि का अवलोकन कर पाएँगे।

केस हिस्टरी

केस हिस्टरी-1

मेरी फाइलों में से यह दिलचस्प घटना आप में से कई को आशीर्वाद दे सकती है। इस व्यक्ति ने एक संगठन में काफी सारे धन का निवेश किया। उसके मन में उन दो लोगों के लिए बहुत सम्मान था, जो इस व्यवसाय में सक्रिय भागीदार थे। उन्होंने उसका दिया धन अपने पास रख लिया और कुछ समय बाद वे दिवालिए हो गए। उस व्यक्ति के मन में कड़वाहट और क्रोध भर गया, क्योंकि उसने उस व्यापार में लगभग अपने जीवन भर की पूँजी लगा दी थी। मन में नफरत भर जाने के कारण वह बीमार भी पड़ गया।

मैंने उस व्यक्ति को समझाया कि नाराजगी कभी न्यायसंगत नहीं होती, और यह भी कहा कि कई लोग जमीन, स्टॉक्स, बॉण्ड्स इत्यादि में निवेश करते हैं और अपना धन गँवा देते हैं; लेकिन इसके लिए ब्रोकर या रियल एस्टेट के एजेंट को दोष देना ठीक है, क्योंकि हम सही निर्णय लेने में चूक गए थे।

मैंने उस व्यक्ति को समझाया कि नाराजगी कभी न्यायसंगत नहीं होती, और यह भी कहा कि कई लोग जमीन, स्टॉक्स, बॉण्ड्स इत्यादि में निवेश करते हैं और अपना धन गँवा देते हैं; लेकिन इसके लिए ब्रोकर या रियल एस्टेट के एजेंट को दोष देना ठीक है, क्योंकि हम सही निर्णय लेने में चूक गए थे। काफी हद तक उस व्यक्ति की नाराजगी उसकी खुद की गलती के लिए अपराध-भाव से उपजी थी; लेकिन वह इस बात को स्वीकार नहीं कर रहा था। वह दूसरे लोगों को एक सक्रिय नाराजगी द्वारा अपनी खुद की कमी और विफलता के लिए दोष दे रहा था। इससे बाहर निकलने के लिए उसने इस प्रकार ईश्वर की उपस्थिति के अभ्यास द्वारा प्रार्थना की—"मैं अब उन दोनों व्यक्तियों के लिए प्यार और सद्भाव फैलाता हूँ। मैं विनम्रतापूर्वक मन से और ईमानदारी से उनके लिए ईश्वर के मार्गदर्शन, आंतरिक शांति

और दिव्य प्रेम की कामना करता हूँ। मैं दोनों के लिए संपन्नता, सफलता और जीवन की समृद्धि की कामना करता हूँ। उनके जीवन के हर विभाग में ईश्वर काम कर रहा है। मैं ईमानदारी से कह रहा हूँ, मेरा मन अब स्पष्ट, स्वच्छ, तैयार, शांत और खुशी की प्रत्याशा में है। ईश्वर मेरा हर तरह से मार्गदर्शन कर रहा है। कोई मुझसे मेरी खुशी, शांति या समृद्धि नहीं छीन सकता। मैं ईश्वर के साथ एक हूँ और मेरा काम ईश्वर का काम है। मैं अब अपने काम से काम रख रहा हूँ। मैंने उन दो व्यक्तियों को जो पैसे दिए थे, वे मेरे पास शांति और सद्भाव के रूप में वापस आ रहे हैं।" वह सुबह और रात में इस प्रकार प्रार्थना करता था। दिन में जब उसके मन में घृणित विचार आते थे तो वह कहता था, "ईश्वर इस समय मेरे साथ है।"

दो हफ्तों में वह दुनिया के साथ शांति में था। सारे द्वेषपूर्ण विचार उसके मन की गहराई में जल गए थे। वे इस एहसास के साथ मुरझा गए थे कि ईश्वर उसके स्वयं के जीवन में सक्रिय था और उनके जीवन में भी, जिन्होंने उसके साथ गलत किया था। इस बीच एक रिश्तेदार की मृत्यु हो गई और एक बहुत दिलचस्प बात हुई। उसे विरासत में ठीक उतनी ही राशि मिली, जो उसने उस व्यापार में खोई थी। 'क्योंकि जिस प्रकार आकाश पृथ्वी से ऊँचा है, उसी प्रकार मेरे तरीके तुम्हारे तरीकों से ऊँचे हैं।'

दो हफ्तों में वह दुनिया के साथ शांति में था। सारे द्वेषपूर्ण विचार उसके मन की गहराई में जल गए थे। वे इस एहसास के साथ मुरझा गए थे कि ईश्वर उसके स्वयं के जीवन में सक्रिय था और उनके जीवन में भी, जिन्होंने उसके साथ गलत किया था।

केस हिस्टरी-2

हमारी हालिया बाइबल कक्षा में एक युवा लड़की इस प्रकार उपस्थिति का अभ्यास करती थी। उसने बताया कि एक आदमी उसे

फोन करके और उसके कार्यालय में उससे मिलने आकर उसे लगातार परेशान कर रहा था। एक दिन उसने सोचा कि इस बारे में कुछ करना चाहिए। वह आराम से बैठ गई, अपने मन के पहियों को शांत किया और अपना पूरा ध्यान अपने अंदर ईश्वर की उपस्थिति पर केंद्रित कर दिया, इस भावना के साथ कि वह वहाँ थी।

उसने चुपचाप अपने आप से कहा, "ईश्वर ने कभी इस तरह का मनुष्य नहीं बनाया। केवल उसके अंदर का ईश्वर मेरे सामने अभिव्यक्त हुआ है। ईश्वर ही सबकुछ है और केवल ईश्वर ही उसके माध्यम से अभिव्यक्त किया जा सकता है।" वह आदमी उसके जीवन से पूरी तरह गायब हो गया। उसने उसे फिर कभी नहीं देखा। उसने कहा कि ऐसा लगा जैसे धरती ने उसे निगल लिया हो। निश्चित रूप से वह उसकी प्रार्थना द्वारा अच्छा और धन्य हो गया था; उसका भी एक उपचार हो गया था।

प्रार्थना हमेशा समृद्ध होती है। वह आकाश से गिरनेवाली कोमल बारिश की तरह होती है। उसे दोगुना आशीर्वाद मिलता है। वह उसे आशीर्वाद देती है, जो देता है और उसे भी, जो प्राप्त करता है। उसने उस आदमी को एक नई रोशनी में देखा; फिर उस आदमी ने स्वयं में यह बदलाव महसूस किया। वह स्वस्थ हो गया और उसने लड़की को परेशान करना छोड़ दिया।

"अपने दुश्मनों को प्यार करो। उन्हें आशीष दो, जो तुम्हें शाप देते हैं। उनके साथ अच्छा करो, जो तुमसे घृणा करते हैं; उनके लिए प्रार्थना करो, जो द्वेषपूर्वक तुम्हारा इस्तेमाल करते हैं तथा तुम्हें सताते हैं।" □

3

अपनी इच्छा को वास्तविक बनाना

इच्छा सभी कार्यों के पीछे की शक्ति है। हम न तो अपना हाथ उठा सकते हैं, न ही चल सकते हैं, जब तक हमारे पास हिलने की इच्छा या प्रेरणा नहीं होती। इच्छा ईश्वर का उपहार है। जैसा कि ब्राउनिंग ने कहा है, "वह तुम हो ईश्वर, जो देते हो और मैं हूँ, जो प्राप्त करता हूँ।"

वह मनुष्य है, जो प्राप्त करता है—जीवन के कुछ उपहार नहीं, बल्कि सबके सब! "पुत्र, तुम हमेशा मेरे साथ हो और जो भी मेरे पास है, तुम्हारा है।" वे सभी चीजें, जो पिता के पास हैं, वे मेरी हैं। हमारे पिता अपने अंदर वे सब चीजें रखते हैं, जिनकी हमें आवश्यकता होती है; जैसे शांति, सद्भाव, विपुलता, मार्गदर्शन, प्रसन्नता और अनंत अभिव्यक्ति। हमें निरंतर आगे बढ़ना चाहिए। हम अनंत भंडार को कभी समाप्त नहीं कर सकते।

आइए, हम कुछ आसान से सत्यों को समझें···यह इच्छा के कारण होता है कि हम सामने से आ रही बस के रास्ते से हट जाते हैं। हम ऐसा इसलिए करते हैं, क्योंकि हमारे अंदर अपने जीवन को बचाने की एक बुनियादी इच्छा होती है। स्व-संरक्षण प्रकृति का पहला नियम है। उदाहरण के लिए, किसान अपने और अपने परिवार के लिए भोजन प्राप्त करने की अपनी इच्छा के कारण बीज बोते हैं। मनुष्य समय और स्थान की दूरी को कम करने की अपनी इच्छा के कारण हवाई जहाज बनाता है। इसी तरह के उदाहरण हमें अपने पूरे जीवन के दौरान मिलते हैं।

इच्छा मनुष्य को प्रेरित करती है। वह काररवाई को आगे बढ़ाती है। वह हर एक प्रगति के पीछे होती है। इच्छा वास्तव में हम सब में मौजूद ब्रह्मांडीय आग्रह है, जो हम सब को आगे, सामने, ऊपर और ईश्वर की ओर बढ़ने के लिए प्रेरित करती है।

इच्छा ईश्वर का दूत है, दिव्य शक्ति का दूत है, जो हम सबसे कह रहा है—'आओ, और ऊपर आओ।'

इच्छा हर प्रगति के पीछे होती है। यह जीवन की प्रेरणा है। हमें पता चलता है कि हम उस इच्छा का पीछा करते हैं, जो हमारे ध्यान को आकर्षित करती है और पकड़कर रखती है। हम सब अपने आपको उस विचार की दिशा में आगे बढ़ता पाते हैं, जो उस समय हमारे दिमाग पर हावी रहती है।

इच्छा हर प्रगति के पीछे होती है। यह जीवन की प्रेरणा है। हमें पता चलता है कि हम उस इच्छा का पीछा करते हैं, जो हमारे ध्यान को आकर्षित करती है और पकड़कर रखती है। हम सब अपने आपको उस विचार की दिशा में आगे बढ़ता पाते हैं, जो उस समय हमारे दिमाग पर हावी रहती है।

इच्छा ईश्वर का दूत है, जो हमें किसी ऐसी चीज के बारे में बता रही है, जो यदि हमारे द्वारा स्वीकार कर ली जाती है तो हमारे जीवन को परिपूर्ण और आनंदमय बना देगी। जितना बड़ा इच्छा से अपेक्षित लाभ होगा, उतनी ही मजबूत हमारी इच्छा होगी। जहाँ कोई अपेक्षित लाभ, उन्नति प्राप्त नहीं हो रही है, वहाँ कोई इच्छा नहीं है; फलस्वरूप कोई काररवाई नहीं दिखाई देती।

'मैं अल्फा और ओमेगा हूँ, शुरुआत और अंत हूँ।' ईश्वर कहते हैं। हमारे दिलों में बुदबुदा रहा हमारा आदर्श अल्फा है; वह ओमेगा बन जाए, उसके लिए हमें उस भावना में प्रवेश करना होगा कि अब वह हमारा है, और यह समझते हुए पृथ्वी पर चलना है कि ऐसा ही है।

लंबे समय तक अपनी इच्छा को समझने में विफलता निराशा और

दु:ख के कारण बनती है। मैंने देश के विभिन्न हिस्सों में कई लोगों से बात की है। वे बार-बार शिकायत करते हैं कि कई वर्षों तक उन्होंने जीवन में एक निश्चित आदर्श या स्थिति प्राप्त करने की व्यर्थ कोशिश की है और वे बुरी तरह विफल हो गए थे। वे नहीं जानते थे कि कुछ होने, करने और प्राप्त करने की इच्छा उनसे बात करनेवाली शांत, छोटी सी आवाज थी और उनके लिए केवल इतना कहना आवश्यक था कि 'हाँ फादर, मैं इसे स्वीकार करता हूँ और विश्वास करता हूँ।' और फिर धरती पर यह जानते हुए चलना था कि 'यह काम हो गया।'

उदाहरण के लिए, उस बीज को लें, जो अपनी आवश्यकता की हर चीज, जैसे पानी, रसायन इत्यादि धरती से ले लेता है और जब धरती से ऊपर आता है तो सूरज की किरणों से प्रकाश संश्लेषण (फोटोसिंथेसिस) नाम की प्रक्रिया से प्रकाश और अन्य आवश्यक तत्त्व निकाल लेता है, जो क्लोरोफिल नाम के एक जटिल तत्त्व के निर्माण के लिए आवश्यक हैं। उसके भीतर वह बुद्धि भी है, जिससे वह अपनी छाल और पत्तों में ऐसे जटिल रासायनिक कंपाउंड बना लेता है, जो मनुष्य की खोज के दायरे से परे हैं।

इसी प्रकार, जब मनुष्य बीज की तरह बन जाता है और जान जाता है कि उसके आदर्श को जकड़ने के लिए आवश्यक सभी चीजें उसे दे दी जाएँगी, तो वह अपने सपनों की पूरी तरह से पूर्ति के लिए उन चीजों को अपनी ओर आकर्षित कर लेगा; जैसे दोस्त, धन, परिचय, विचार आदि।

इसी प्रकार, जब मनुष्य बीज की तरह बन जाता है और जान जाता है कि उसके आदर्श को जकड़ने के लिए आवश्यक सभी चीजें उसे दे दी जाएँगी, तो वह अपने सपनों की पूरी तरह से पूर्ति के लिए उन चीजों को अपनी ओर आकर्षित कर लेगा; जैसे दोस्त, धन, परिचय, विचार आदि।

वे सभी पुरुष, महिलाएँ और बच्चे, जो जीवन के रास्ते में हमारी सहायता करते हैं, वे उस नियम के दास हैं, जिसे हम ऑपरेशन में अपने

भीतर सेट करते हैं। 'मेरे तरीके तुम्हारे तरीके नहीं हैं।' यह अनंत बुद्धि, जिसे हम सही ढंग से प्रार्थना करते समय सक्रिय करते हैं, दूसरों में हमारे आदर्श के महान् खुलासे या हमारे जीवन के महान् नाटक में सहायता करने के लिए आवश्यक कार्यों, शब्दों और आंदोलनों को प्रेरित करते हैं।

दूसरों को दोष देना या अपराधी ठहराना मूर्खता है, क्योंकि हमें यह समझना चाहिए कि दूसरे लोग गवाह हैं, जो हमें बताते हैं कि हम कौन हैं—'जैसा अंदर है, वैसा बाहर।' यदि अंदर कलह है तो बाहर भी कलह होगी। यदि हम अभाव और सीमा के भाव में रहते हैं तो दूसरों को आकर हमारे अभाव की गवाही देनी होगी।

एक समय मैं लंदन में एक महिला को जानता था। लंदन की ट्यूब में एक चोर द्वारा तीन बार उसका पर्स छीन लिया गया। वह एक अमीर महिला थी। इसका स्पष्टीकरण यह है कि वह अपना पर्स चोरी चले जाने के भय में जी रही थी; यह वास्तव में प्रत्याशा थी। "जिसका मुझे सबसे ज्यादा डर था, वह मेरे ऊपर आ गया है।"

एक समय मैं लंदन में एक महिला को जानता था। लंदन की ट्यूब में एक चोर द्वारा तीन बार उसका पर्स छीन लिया गया। वह एक अमीर महिला थी। इसका स्पष्टीकरण यह है कि वह अपना पर्स चोरी चले जाने के भय में जी रही थी; यह वास्तव में प्रत्याशा थी। "जिसका मुझे सबसे ज्यादा डर था, वह मेरे ऊपर आ गया है।"

वह मूड, भावना या धारणा, जिसमें हम चलते हैं, हमारी ओर दूसरों की काररवाई और कार्य निर्धारित करते हैं। मार्क के ग्यारहवें अध्याय में कहा गया है, "जो भी चीजें आप प्रार्थना में माँगते हैं, विश्वास करें कि वे आपको मिल रही हैं और वे आपको मिल जाएँगी।"

उपर्युक्त उद्धरण में 'जो भी' का अर्थ है, वह कुछ भी, जो आप माँगते हैं। वह सर्व-समावेशी है। इसके लिए कोई विशेष शर्तें नहीं रखी

गई हैं। आपको चर्च जानेवाला होने की या किसी विशेष धर्म का होने की या कोई बलिदान देने की आवश्यकता नहीं है। ईश्वर कहते हैं, "मैं मनुष्य के बलिदान से प्रसन्न नहीं होता, न ही ताकत से या शक्ति से, बल्कि आत्मा से होता हूँ।" 'तुम्हारे बलिदानों की बहुलता किस उद्‍देश्य से है? मैं भेड़ों के रक्त से और पशुओं की चमड़ी से भरा हूँ। मुझे भेड़ों का रक्त या बकरियों की चमड़ी खुशी नहीं देती।' एकमात्र माँग यह विश्वास करना है कि तुम्हारे पास अभी है या फिर तुम वह प्राणी हो, जो तुम होना चाहते हो।

विश्वास का अर्थ है, वह होने की स्थिति में रहना। इसका अर्थ है—एक संपूर्ण मानसिक स्वीकृति, जहाँ आपके मन में कोई संदेह या प्रश्न शेष नहीं है। यह चेतना की एक स्थिति है, जिसे 'दोष-सिद्धि' या 'कन्विक्शन' कहते हैं। बाकी सब प्रक्रियाएँ, जैसा कि यशायाह का उद्धरण है, मूर्खतापूर्ण और अंधविश्वास हैं। एकमात्र शर्त यह विश्वास करना है कि आप प्राप्त कर चुके हैं; उसके बाद आपके आदर्श की अभिव्यक्ति आती है।

विश्वास का अर्थ है, वह होने की स्थिति में रहना। इसका अर्थ है—एक संपूर्ण मानसिक स्वीकृति, जहाँ आपके मन में कोई संदेह या प्रश्न शेष नहीं है। यह चेतना की एक स्थिति है, जिसे 'दोष-सिद्धि' या 'कन्विक्शन' कहते हैं। बाकी सब प्रक्रियाएँ, जैसा कि यशायाह का उद्धरण है, मूर्खतापूर्ण और अंधविश्वास हैं।

हम इच्छा के माध्यम से आगे बढ़ते हैं। वह इच्छा है, जो हमें आगे धक्का देती है, क्योंकि वह ब्रह्मांडीय आग्रह है।

आइए, इस बात का एहसास करें कि हम सब दिव्य शक्ति के चैनल हैं—ईश्वरीय चेतना के वैयक्तीकरण। वह इच्छा, जो आपके दिल में रहती है, जो धीरे से बुदबुदाती है—शायद महीनों से वहाँ रहकर आपसे पहचान बना रही है। वह ईश्वर की आवाज है, जो आपसे बात कर रही है, आपसे

और ऊपर आने के लिए कह रही है—ऊपर उठने और चमकने के लिए। शायद आपने अपने आस-पास देखा है और स्वयं से कहा है, 'मैं क्या कर पाऊँगा?' 'मैरी कर सकती है, लेकिन मैं नहीं।' 'शायद, किसी दिन!' 'यह तो बस इच्छापूर्ण सोच है।' इत्यादि। क्या ऐसे कई भाव आपके मन में आए हैं? याद रखिए, ये आपकी पाँचों इंद्रियाँ और सांसारिक तर्क हैं, जो आपके उच्चतर स्व से बहस कर रहे हैं। हमें याद रखना चाहिए कि प्रार्थना में हमेशा अपनी इंद्रियों और तर्क के सारे सबूतों को बंद कर देते हैं, साथ ही उन सब चीजों को भी, जो उससे इनकार करती या उसका खंडन करती हैं, जो हम वास्तव में चाहते हैं। फिर जैसी कि यीशु आज्ञा देते हैं, हम भीतर जाते हैं, दरवाजा बंद कर देते हैं और गुप्त रूप से अपने पिता से प्रार्थना करते हैं। पिता जो गुप्त में देखते हैं, उसका पुरस्कार आपको खुले तौर पर देंगे। आइए, अब हम आगे बढ़कर इस गुप्त स्थान में प्रवेश करते हैं और अपने खुद के मन में आध्यात्मिक, रचनात्मक कार्य करते हैं।

एक आरामकुरसी पर बैठ जाएँ, शरीर को शिथिल कर दें और ध्यान में जाने दें। एक निद्रालु, ध्यान की स्थिति में आकर नैंसी स्कूल तकनीक का अभ्यास करें, जहाँ प्रयास न्यूनतम स्तर पर आ जाता है।

एक आरामकुरसी पर बैठ जाएँ, शरीर को शिथिल कर दें और ध्यान में जाने दें। एक निद्रालु, ध्यान की स्थिति में आकर नैंसी स्कूल तकनीक का अभ्यास करें, जहाँ प्रयास न्यूनतम स्तर पर आ जाता है।

उदाहरण के लिए, यदि आप रेडियो पर एक गायक बनना चाहते हैं तो कल्पना करें कि आप माइक्रोफोन के सामने हैं। माइक्रोफोन अब आपके सामने है। आप काल्पनिक दर्शकों को देख रहे हैं; आप अभिनेता हैं। ('इस तरह कार्य करें, जैसे मैं हूँ और मैं हो जाऊँगा') आप अपने आप को उस स्थिति में महसूस करें—अब आप गा रहे हैं (आपकी कल्पना में); उसके आनंद में प्रवेश करें, उपलब्धि के रोमांच को महसूस करें।

इसे अपनी कल्पना में तब तक करें, जब तक यह आपको स्वाभाविक न लगने लगे। तब आप सोने चले जाएँ। यदि आप अपने अवचेतन मन में अपनी इच्छा डालने में सफल रहे हैं, तब तो जागने पर आपको शांति और संतुष्टि की महान् भावना महसूस होगी। एक दिलचस्प बात हो चुकी होगी। आपके मन में उसके लिए प्रार्थना करने की इच्छा शेष नहीं होगी, क्योंकि वह आपकी चेतना में स्थिर हो चुकी है। इसका कारण यह है कि रचनात्मक क्रिया समाप्त हो चुकी है और आप निश्चिंत हैं।

सच्ची प्रार्थना के बाद जब आप एक आंतरिक विश्वास पर पहुँच जाते हैं तो आपके अंदर आंतरिक शांति, सुकून और सत्यता की भावना प्रवेश कर जाती है, जो आपसे कहती है, 'सब ठीक है।' 'बाइबल' में इसे सब्बाथ स्थिरता की अवधि या विश्रांति कहते हैं। यह वह अंतराल है, जो आपकी इच्छा की व्यक्तिपरक प्राप्ति और उसकी अभिव्यक्ति के बीच में समाप्त हो जाता है। अभिव्यक्ति का तरीका आपको नहीं मालूम है। वह व्यक्तिपरकता का रहस्य है। 'मेरे तरीके खोज से परे हैं।'

सच्ची प्रार्थना के बाद जब आप एक आंतरिक विश्वास पर पहुँच जाते हैं तो आपके अंदर आंतरिक शांति, सुकून और सत्यता की भावना प्रवेश कर जाती है, जो आपसे कहती है, 'सब ठीक है।' 'बाइबल' में इसे सब्बाथ स्थिरता की अवधि या विश्रांति कहते हैं।

उत्तर या अभिव्यक्ति रात में एक चोर की तरह आती है। आप जानते हैं कि एक चोर तब आता है, जब आपको उसके आने की कम-से-कम उम्मीद होती है। वहाँ हमेशा एक आश्चर्य का तत्त्व मौजूद रहता है। शायद जब आप गहरी नींद में सो रहे होंगे, तब चोर आ जाएगा; जब आप बैठकर घुसपैठिए के आने की प्रतीक्षा करेंगे, तब वह नहीं आएगा। इसी तरह हमें अपने दैनिक कार्य करते रहने चाहिए। जिस क्षण हम उसके बारे में नहीं सोचेंगे, हमें उत्तर मिल जाएगा। अब आप शांति में हैं; कहा जाए तो

परिपूर्ण बना दिए गए हैं। आपको इस अनंत बुद्धि की सहायता करने की आवश्यकता नहीं है। वह सर्वशक्तिमान है। शक्ति में शक्ति जोड़ने की कोशिश करना मूर्खता होगी।

कई लोगों के साथ परेशानी यह है कि जब वे प्रार्थना करते हैं, तब तनावग्रस्त, चिंतित और अधीर होते हैं। वे कहते हैं, "क्या पता, वह कब आएगा?" दूसरे कहते हैं, "ऐसा अभी तक क्यों नहीं हुआ?"

यदि मैं कहता हूँ, 'क्यों?' तो इसका मतलब है कि मैं चिंतित हूँ और मुझमें विश्वास की कमी है। अगर मुझे पता है कि कोई बात सच है तो मैं अपनी प्रार्थना पर सवाल नहीं करता। इसलिए हमें याद रखना चाहिए कि जब कभी भी हम स्वयं से या किसी और से पूछते हैं, 'क्यों?' तो इसका मतलब है कि हम अपने भीतर एक दृढ़ विश्वास नहीं जगा पाए हैं।

> *यदि मैं कहता हूँ, 'क्यों?' तो इसका मतलब है कि मैं चिंतित हूँ और मुझमें विश्वास की कमी है। अगर मुझे पता है कि कोई बात सच है तो मैं अपनी प्रार्थना पर सवाल नहीं करता। इसलिए हमें याद रखना चाहिए कि जब कभी भी हम स्वयं से या किसी और से पूछते हैं, 'क्यों?'*

जब हम चेतना में कुछ प्राप्त करते हैं, तो हमें उसकी तलाश नहीं होती; वो चीज हमारे पास होती है।

एक और बिंदु, जिस पर मैं यहाँ जोर डालना चाहता हूँ, यह है कि जब छात्र सवाल करते हैं, 'यह कैसे आएगा?' तो उनके अंदर भरोसे और दृढ़ विश्वास की कमी का पता चलता है।

उदाहरण के तौर पर अभी मैं लॉस एंजेल्स में हूँ और मैं नहीं पूछ रहा हूँ कि 'मैं वहाँ कैसे पहुँचूँगा?' मैं वहाँ हूँ। उसी प्रकार जब हमारा आदर्श चेतना में स्थिर हो जाता है तो हम नहीं सोचते कि 'मैं वहाँ कैसे पहुँचूँगा?' मैं वहाँ आ चुका हूँ। जहाँ आपकी चेतना है, वहीं आप हैं। 'जहाँ मैं रहूँगा, वहीं तुम भी रहोगे।'

केस हिस्टरी

केस हिस्टरी-1

कई साल पहले मैं न्यूयॉर्क शहर में पार्क सेंट्रल होटल में एक व्याख्यान दे रहा था। मीटिंग के बाद एक व्यक्ति ने मेरे पास आकर कहा, "मेरी पिट्सबर्ग जाने की बहुत इच्छा है, पर मेरे पास पैसे नहीं हैं।"

मैंने उससे कहा, "तुमने व्याख्यान सुना?" वह बोला, "हाँ, लेकिन…"

मैंने उससे कहा कि वह अपने दिमाग की शंकाओं को नजरअंदाज कर दे। हमने उस खूबसूरत व्याख्यान में एक साथ सत्य का एक आसान सा वाक्य बनाया। वाक्य था, 'मैं इस समय पिट्सबर्ग में अपने घर में अपने लोगों के साथ हूँ। यहाँ सबकुछ शांत और सद्भावनापूर्ण है।' मौन के उन कुछ पलों में वह अपनी कल्पना और भावना में उन लोगों के साथ अपने घर में था।

मैंने उससे कहा कि वह अपने दिमाग की शंकाओं को नजरअंदाज कर दे। हमने उस खूबसूरत व्याख्यान में एक साथ सत्य का एक आसान सा वाक्य बनाया। वाक्य था, 'मैं इस समय पिट्सबर्ग में अपने घर में अपने लोगों के साथ हूँ। यहाँ सबकुछ शांत और सद्भावनापूर्ण है।'

बाद में उसने मुझे फोन करके कहा, "मैं एक रेस्टोरेंट में गया था। मेरी बगल में बैठे एक आदमी ने मुझसे कहा, 'आप जानते हैं, मैं ड्राइव करके पिट्सबर्ग जा रहा हूँ। मुझे खुशी होगी, अगर कोई ड्राइविंग में मेरी मदद कर दे! मैं उसे पैसे भी दे दूँगा। क्या आप किसी को जानते हैं? आप मेकैनिक जैसे लग रहे हैं।' यह वह तरीका था, जिससे अनंत बुद्धि ने उस व्यक्ति की प्रार्थना का उत्तर दिया।

केस हिस्टरी-2

मैं आपको एक और अनुभव के बारे में बताना चाहता हूँ, जो मुझे

सेना में हुआ था। एक युवा सैनिक ने मुझसे कहा, "आप जानते हैं, युद्ध से पहले मैंने कई साल बेलेव्यू मेडिकल स्कूल में दाखिला पाने की कोशिश की थी। मुझे हर बार ठुकरा दिया गया, हालाँकि मेरे नंबर बहुत अच्छे थे।"

उस लड़के का मानना था कि वह जातीय भेदभाव का शिकार था। वह मेरी बटालियन से जुड़ा था। एक रात हम जीवन के नियमों के बारे में बात कर रहे थे। मैंने उससे चेतन और अवचेतन मन के संबंध पर चर्चा की, जिसके बारे में मेरी पुस्तक 'द मिरेकल्स ऑफ योर माइंड' में विस्तार से दिया गया है। मैंने उसे समझाया कि उसके अवचेतन मन के पास इसका उत्तर था; वह सब जानता था और उसके पास उपलब्धि की 'जानकारी' थी।

मैंने उसके साथ कुछ प्रयोगों की समीक्षा की, जो मैंने कई साल पहले बर्लिन से एक शरणार्थी मनोवैज्ञानिक के साथ किए थे। एक घटना में उन प्रयोगों के तहत एक लड़का भेदक बन गया और दूर हो रही घटनाओं का वर्णन करने लगा, जिन्हें हमने बाद में सत्यापित किया।

मैंने उसके साथ कुछ प्रयोगों की समीक्षा की, जो मैंने कई साल पहले बर्लिन से एक शरणार्थी मनोवैज्ञानिक के साथ किए थे। एक घटना में उन प्रयोगों के तहत एक लड़का भेदक बन गया और दूर हो रही घटनाओं का वर्णन करने लगा, जिन्हें हमने बाद में सत्यापित किया। उस लड़के ने लापता चीजों का स्थान भी बताया और कुछ अंतरराष्ट्रीय घटनाओं की सटीक भविष्यवाणी भी की। हमने इस तथ्य पर चर्चा की कि अनंत बुद्धि और ज्ञान मनुष्य के अवचेतन मन में दर्ज है; उसके साथ लय मिलाना और उससे अपने लिए काम करवाना संभव है।

तदनुसार और उपर्युक्त बातचीत के अनुरूप उसे निम्नलिखित प्रयोग करने का सुझाव दिया गया—'रात में जब वह सोए तो उसे सोचना था कि उसने एक मेडिकल डिप्लोमा देखा था, जिसमें उसके नाम के साथ

लिखा था कि वह एक चिकित्सक और सर्जन था। उसने अपने हाथ से उस डिप्लोमा को महसूस किया और उस खुशी की कल्पना की। उसने उस चीज को वास्तविक और स्वाभाविक बना दिया, उस एक चीज— डिप्लोमा, संपन्न चीज पर अपना पूरा ध्यान केंद्रित करके। फिर उसने उसकी वास्तविकता पर विचार किया।

'विश्वास करो कि वह तुम्हारे पास अभी है और तुम्हें वह मिल जाएगा।' 'उन चीजों को बुलाएँ, जो नहीं हैं; जैसे कि वे हैं, फिर अदृश्य चीजें दिखने लगती हैं।' 'यह होने के पहले मैंने तुमको बताया था कि जब हो जाएगा, तब तुम्हें विश्वास हो सकता है।' यह सब प्रार्थना के लिए आदर्श सूत्र हैं।

वह लड़का अंत तक गया। उसने स्वयं से यह प्रश्न पूछा, 'मैं वास्तव में क्या प्राप्त करूँ, जिससे मैं दुनिया को साबित कर सकूँ कि मैं एक डॉक्टर हूँ?' उत्तर मिला, 'एक डिप्लोमा।' अपनी कल्पना में उसने डिप्लोमा देखा और उसे वास्तविक बना दिया। वह अपने हाथ में डिप्लोमा को महसूस करते हुए सो गया।

वह लड़का अंत तक गया। उसने स्वयं से यह प्रश्न पूछा, 'मैं वास्तव में क्या प्राप्त करूँ, जिससे मैं दुनिया को साबित कर सकूँ कि मैं एक डॉक्टर हूँ?' उत्तर मिला, 'एक डिप्लोमा।' अपनी कल्पना में उसने डिप्लोमा देखा और उसे वास्तविक बना दिया। वह अपने हाथ में डिप्लोमा को महसूस करते हुए सो गया।

उदाहरण के लिए, आप अभी अपनी आँखें बंद करके अपने शरीर पर रेशम, मोहैर या फर का कोट महसूस कर सकते हैं। जब आप फर के कोट की सहजता महसूस करेंगे तो आप उसे प्राप्त कर लेंगे।

उस सैनिक की प्रार्थना की अगली कड़ी बहुत दिलचस्प है। उस आदमी ने एक सुबह मुझसे कहा, "आप जानते हैं, मुझे ऐसा लग रहा है कि कुछ होने वाला है और मैं यहाँ अधिक समय तक नहीं रहने वाला

हूँ।" यह उसका अवचेतन मन था, जो उससे कह रहा था, 'सब ठीक है।'

कभी-कभी हम एक अंतर्ज्ञान, आंतरिक जागरूकता या भावना से महसूस करते हैं कि हमारी प्रार्थना का उत्तर मिल गया है। तकनीकी रूप से हम कहेंगे कि विचार हमारे अवचेतन में समाविष्ट हो गया है। वास्तव में, हम कहेंगे कि सैनिक ने चेतना में इस विचार को स्वीकार कर लिया और उसका अंतर्ज्ञान उसे बाहर ले आया। वे कई शब्द और वाक्यांश, जिनका हम उपयोग करते हैं, सब एक ही चीज बताते हैं कि उसने वास्तविकता को महसूस किया। बस, यही चीज आवश्यक है। उसने जिस तकनीक का उपयोग किया, उसने उसके पूरा होने में सहायता की।

कमांडिंग ऑफिसर ने उसे बुलाया और सूचित किया कि उसके प्री-मेडिकल प्रशिक्षण के मद्देनजर उसे एक परीक्षा में बैठना था। यदि उसे अच्छे नंबर मिले तो उसे सेना के खर्च पर मेडिकल कॉलेज भेजा जाएगा। हुआ यह कि उसे बेलेव्यू नहीं, बल्कि स्टैनफोर्ड भेजा गया। 'मेरे तरीके तुम्हारी खोज से परे हैं।'

कमांडिंग ऑफिसर ने उसे बुलाया और सूचित किया कि उसके प्री-मेडिकल प्रशिक्षण के मद्देनजर उसे एक परीक्षा में बैठना था। यदि उसे अच्छे नंबर मिले तो उसे सेना के खर्च पर मेडिकल कॉलेज भेजा जाएगा। हुआ यह कि उसे बेलेव्यू नहीं, बल्कि स्टैनफोर्ड भेजा गया। 'मेरे तरीके तुम्हारी खोज से परे हैं।' (उसे समझा दिया गया था कि डॉक्टर बनने के लिए उसका बेलेव्यू जाना जरूरी नहीं था।) अनंत बुद्धि को मार्गदर्शक बनने दो।

प्रार्थना में अंत तक जाएँ। महसूस करें कि अभी आप वे हैं, जो आप होना चाहते हैं। तब अनंत बुद्धि कमान हाथ में ले लेती है और दूसरों के विचारों, सोच एवं कार्यों पर काम करती है, ताकि वे हमारी इच्छा की पूर्ति में हमारी सहायता करें (इसी प्रकार एक बीज अपनी ओर हर उस चीज को आकर्षित करता है, जैसे रसायन, पानी, धूप, हवा इत्यादि, जो

उसके बढ़ने के लिए आवश्यक हैं)।

हम हमेशा इस सिद्धांत, शक्ति, बुद्धि और ज्ञान को अपने जीवन के सभी दिनों में इस्तेमाल करते हैं। जब हम लिखने के लिए अपना हाथ उठाते हैं तो इस शक्ति और ऊर्जा का उपयोग करते हैं। इसी तरह जब हम साँस लेते हैं तो उसी हवा का उपयोग कर रहे होते हैं।

उदाहरण के तौर पर, अभी मैं लिख रहा हूँ। मेरे द्वारा व्यक्त विचार उस एक बुद्धि से आते हैं, जो हर व्यक्ति के लिए समान है। इसका स्रोत केवल एक है और वह ईश्वर है। हम किसी चीज को उत्पन्न नहीं करते; क्योंकि सभी विचार ईश्वर में जीते हैं, चलते हैं और उनका अस्तित्व भी ईश्वर में होता है। यह अनंत अस्तित्व चेतना, जागरूकता या जो भी नाम हम उसे देना चाहें, एकमात्र निर्माता और हर चीज का स्रोत है। सभी मनुष्य इसी एक स्रोत या सोते से पीते हैं। आप यह बात इस सत्य से समझेंगे कि जब हम सूरज या किसी पेड़ को देखते हैं तो हम सब सूरज या एक पेड़ को देखते हैं, जिससे पता चलता है कि हम सभी उस एक बुद्धि का उपयोग कर रहे हैं।

हम हमेशा इस सिद्धांत, शक्ति, बुद्धि और ज्ञान को अपने जीवन के सभी दिनों में इस्तेमाल करते हैं। जब हम लिखने के लिए अपना हाथ उठाते हैं तो इस शक्ति और ऊर्जा का उपयोग करते हैं। इसी तरह जब हम साँस लेते हैं तो उसी हवा का उपयोग कर रहे होते हैं।

इसलिए नास्तिक जैसी कोई चीज नहीं होती; हो भी नहीं सकती, क्योंकि वह भी उस मस्तिष्क, शक्ति और बुद्धि का उपयोग कर रहा है, जो ईश्वर की है। वह जीवित है और उसका जीवन भी ईश्वर है, क्योंकि ईश्वर जीवन है। जब वह कहता है, 'मैं ईश्वर में विश्वास नहीं करता।' तो आप देख सकते हैं कि यह कितनी बेतुकी बात है! वह जानता है और मानता है कि वह जीवित है। जीवंतता व जागरूकता ईश्वर है।

एक शिक्षक के तौर पर मैं कहना चाहूँगा कि ऐसा कोई शिक्षक

नहीं है, जो आपको कुछ नया दे सके; वह नहीं दे सकता, न ही वह आपको सत्य दे सकता है। एक शिक्षक बस इतना कर सकता है कि जो आपके भीतर पहले से है, उसे जाग्रत् कर सकता है। आप ईश्वर का घर हैं। जैसा कि रहस्योद्घाटन की पुस्तक कहती है, 'ईश्वर का तंबू मनुष्य के पास है।' एक शिक्षक आपको वह सत्य दिखाता है, जो हमेशा से मौजूद था। यदि वह एक अच्छा शिक्षक है तो एक लौ जगाता है, फिर आप उसकी दीप्ति से खुद को गरमाहट देते हैं। लेकिन वह लौ, दीप्ति और गरमाहट हमेशा से आपके भीतर थी। सच्चे शिक्षक को यदि सत्य का अच्छा ज्ञान है तो वह आपको स्वतंत्रता सिखाएगा, आपको स्पष्ट रूप से बताएगा कि उसे अपनी व्यक्तिगत निष्ठा नहीं देनी है, क्योंकि आपका दिल ईश्वर या सत्य के पास है। 'स्वयं के प्रति सच्चे रहो, जैसे रात और दिन, तब तुम किसी मनुष्य के प्रति झूठे नहीं रहोगे।' सत्य का शिक्षक आपको कहेगा कि यदि उससे कुछ नहीं मिलता तो कहीं और जाएँ, जहाँ आपको आशीर्वाद मिलेगा। हम अपने को बुलाते हैं; सत्य में कोई प्रतियोगिता नहीं होती।

आपको एक लक्ष्य की दिशा में प्रयास नहीं करना है; क्योंकि जिस लक्ष्य की आपको तलाश है, वह पहले से है और आप चेतना में इच्छित स्थिति को स्वीकार करके उसे अपनाते हैं। सभी स्थितियों का सह-अस्तित्व महान् वर्तमान में या आपके मस्तिष्क के अन्य आयामों में होता है। यह पियानो के कीबोर्ड की तरह है।

आपको एक लक्ष्य की दिशा में प्रयास नहीं करना है; क्योंकि जिस लक्ष्य की आपको तलाश है, वह पहले से है और आप चेतना में इच्छित स्थिति को स्वीकार करके उसे अपनाते हैं। सभी स्थितियों का सह-अस्तित्व महान् वर्तमान में या आपके मस्तिष्क के अन्य आयामों में होता है। यह पियानो के कीबोर्ड की तरह है। जो संगीत आप बजाना चाहते हैं,

वह पियानो में पहले से है। आप उसे सामने लाने के लिए बस, उचित तार और 'की' छेड़ते हैं; लेकिन धुन या सोनाटा हमेशा से उसमें थी, आप उसे उत्पन्न नहीं करते। आपने उसे सामने लाने के लिए केवल एक विशेष रचना की पहचान की। आप पियानो पर 'पॉप गोज द वीजेल' बजा सकते हैं या फिर एक बीथोवेन सोनाटा, पियानो को कोई फर्क नहीं पड़ता।

इसी प्रकार, आप अंग्रेजी वर्णमाला को देख लीजिए। आपने उसे नहीं बनाया है। वह अनंत बुद्धि में हमेशा से थी। इस वर्णमाला से आप जीवन का एक खूबसूरत, शानदार नाटक लिख सकते हैं या फिर कोई गप-शप का स्तंभ, जिसे पढ़कर कोई पथभ्रष्ट इनसान आत्महत्या कर सकता है।

इसी प्रकार, आप अंग्रेजी वर्णमाला को देख लीजिए। आपने उसे नहीं बनाया है। वह अनंत बुद्धि में हमेशा से थी। इस वर्णमाला से आप जीवन का एक खूबसूरत, शानदार नाटक लिख सकते हैं या फिर कोई गप-शप का स्तंभ, जिसे पढ़कर कोई पथभ्रष्ट इनसान आत्महत्या कर सकता है।

हमें अपना संगीत सामने लाने के लिए भी तार छेड़ने चाहिए। हमारा संगीत है—सद्भाव, स्वास्थ्य, शांति, सच्चा स्थान या जीवन में अभिव्यक्ति। हम उसकी वास्तविकता पर विचार करके जो हमें तब चाहिए होती है, उचित तार छेड़ने की कोशिश करते हैं, महसूस करते हैं और विश्वास करते हैं कि वह हमारे पास है।

एक सरल उदाहरण इस प्रकार है—

मान लीजिए, आप 20,000 डॉलर में एक घर बेचना चाहते हैं। यह वह कीमत है, जिसका भुगतान आप स्थिति के उलटने पर करेंगे। आप संतुष्ट हैं कि यह सही कीमत है और आपकी चेतना में कोई विवाद नहीं है। अगला कदम, जैसा कि ट्रोवार्ड कहते हैं, 'अंत देखना है।' ऐसा करने का एक आसान तरीका है, एक छोटा सा वाक्यांश लेना, जो आपकी स्मृति

में आसानी से अंकित हो जाए, जैसे—'यह बिक गया है' या 'यह हो गया है' और उसे एक लोरी की तरह बार-बार दोहराना, जब तक आप उसकी सहजता या वास्तविकता महसूस नहीं करते (यह बाद की प्रक्रिया न्यू नैंसी स्कूल द्वारा सुझाई गई है। देखें, बेडोविन की पुस्तक 'ऑटो सजेशन')।

लेखक ने संपत्ति की बिक्री में कई लोगों को इस प्रकार के निर्देश दिए हैं—अपने हाथ में चेक को देखें और उपलब्धि का आनंद महसूस करें। यह कल्पना करना कि चेक आपके हाथ में है, अंत को देखना है और अंत को देख लेने पर, जैसा कि ट्रोवार्ड कहते हैं, 'आपने अंत की प्राप्ति के साधनों को आकृष्ट किया है।' अनंत आत्मा आपकी ओर उस व्यक्ति को आकर्षित करेगी। वह व्यक्ति, जो वही चाहता है, जो आप देना चाहते हैं; कीमत और समय उचित होगा। आप पाएँगे कि सभी संबंधित लोगों के लिए जगह शांति और सौहार्द में बेची जाएगी। 'उसे, जो प्यासा है, आकर आजादी से जीवन का जल पीने दो।'

□

4

आस्था का जादू

इस अध्याय का उद्देश्य आपको आपके प्रभुत्व और स्वतंत्रता की आध्यात्मिक सच्चाई सिखाना है। 'अपने सभी तरीकों से उसे स्वीकार कर और वह तेरे मार्ग को निर्देशित करेगा।' (प्रो 3:6)

'मैं अपनी आँखों को पहाड़ियों तक उठाऊँगा, जहाँ से मेरी सहायता आएगी।'

उपर्युक्त कविता में कहावतों से आपको अपने भीतर की अनंत बुद्धि को स्वीकार करने के लिए कहा जा रहा है, और यह भी कि वह आपको सभी तरीकों से निर्देशित करेगी। आपकी समस्या का उत्तर तब मिलेगा, जब आप अपने भीतर के दिव्य सिद्धांत को विश्वास और पहचान देंगे।

वे शेक्सपियर थे, जिन्होंने कहा था, "हमारे संदेह धोखेबाज हैं, जिनके कारण हम प्रयास करने से डरते हैं और जिस अच्छे अवसर को जीत सकते थे, उसे खो देते हैं।" भय हमें रोकता है। भय ईश्वर में या अच्छे में विश्वास की कमी है।

एक बार एक आदमी ने मुझे बताया कि वह एक बड़ी रासायनिक कंपनी की विक्रय टीम का सदस्य था, जिसमें 200 लोग फील्ड में कार्य करते थे। कंपनी के विक्रय प्रबंधक का निधन हो गया और उपाध्यक्ष ने उसे उस पद की पेशकश की, हालाँकि उसने अस्वीकार कर दिया। बाद में उसे महसूस हुआ कि पद को अस्वीकृत करने का एकमात्र कारण उसका डर था। वह जिम्मेदारी लेने से डरता था। उस आदमी को स्वयं

पर और अपनी आंतरिक शक्ति पर विश्वास नहीं था। वह झिझका और एक अद्‌भुत अवसर उसके हाथ से निकल गया।

वह सेल्समैन मेरे पास परामर्श के लिए आया। मुझे पता चला कि वह स्वयं की निंदा कर रहा था, जो एक विनाशकारी व मानसिक विष की तरह था। निंदा के स्थान पर महसूस करने लगा कि ऐसे और भी अवसर मौजूद थे। मैंने उसे समझाया कि आस्था एक सोचने का तरीका है, एक सकारात्मक मानसिक दृष्टिकोण है या एक विश्वास की भावना है कि आप जिस चीज के लिए प्रार्थना कर रहे हैं, वह आपके पास आ जाएगी।

> ***आपको विश्वास है कि सूर्य कल उदय होगा; आपको विश्वास है कि आपने जो बीज बोया है, वह बढ़ेगा; बिजली मेकैनिक को विश्वास है कि बिजली उसके उचित उपयोग से प्रतिक्रिया देगी। एक वैज्ञानिक के पास एक आइडियोफोन के लिए विचार होता है। वह इस अदृश्य विचार के निष्पादन में विश्वास करके इसे पारित करने के लिए आगे बढ़ता है।***

उदाहरण के लिए, आपको विश्वास है कि सूर्य कल उदय होगा; आपको विश्वास है कि आपने जो बीज बोया है, वह बढ़ेगा; बिजली मेकैनिक को विश्वास है कि बिजली उसके उचित उपयोग से प्रतिक्रिया देगी। एक वैज्ञानिक के पास एक आइडियोफोन के लिए विचार होता है। वह इस अदृश्य विचार के निष्पादन में विश्वास करके इसे पारित करने के लिए आगे बढ़ता है।

अवसर हमेशा अपने दरवाजे पर दस्तक देता है। स्वास्थ्य, सद्‌भाव, शांति और समृद्धि की इच्छा इस समय आपके दरवाजे पर दस्तक दे रही है। शायद आपको एक पदोन्नति की पेशकश की गई है। क्या आप पुराने समय के पीटर की तरह काम करनेवाले हैं, जो पानी पर चला था? (और जब पीटर जहाज से नीचे उतरा तो वह यीशु के पास जाने के लिए पानी

पर चलने लगा। लेकिन जब उसने प्रचंड हवा को देखा, वह डर गया; जब वह डूबने लगा तो उसने पुकारा, "हे प्रभु! मुझे बचाओ।")

ऐतिहासिक होने के अलावा पीटर और यीशु का यह नाटक आपके मन में होता है। पीटर का अर्थ है—विश्वास, दृढ़ता और दृढ़ संकल्प। यीशु का मतलब आपकी इच्छा है, जो यदि पूरी हुई तो आपकी उद्धारकर्ता होगी। यीशु एक विचार, इच्छा, योजना, उद्देश्य, दृष्टि या किसी नए उपक्रम के रूप में आपके मन में आते हैं। आपके सपनों, योजनाओं या उद्देश्य की पूर्ति आपको और दूसरों को अत्यधिक संतुष्टि और आंतरिक खुशी देगी। यह आपका यीशु होगा। अब आपको पीटर को बुलाना होगा, जो कि ईश्वरीय शक्ति में विश्वास है कि वह सारी चीजों को पारित कर ले। आप पीटर और यीशु को अपने भीतर की सत्य की शक्ति के नाटकीयकरण के रूप में देखें।

ऐतिहासिक होने के अलावा पीटर और यीशु का यह नाटक आपके मन में होता है। पीटर का अर्थ है—विश्वास, दृढ़ता और दृढ़ संकल्प। यीशु का मतलब आपकी इच्छा है, जो यदि पूरी हुई तो आपकी उद्धारकर्ता होगी। यीशु एक विचार, इच्छा, योजना, उद्देश्य, दृष्टि या किसी नए उपक्रम के रूप में आपके मन में आते हैं।

अकसर जब आप कोई नया प्रयास करते हैं—उदाहरण के लिए, एक नए पद पर जाते हैं—तो आपके मन में संदेह उत्पन्न होता है। यह आपके अंदर का पीटर है, जो प्रचंड हवा को देखकर डूब रहा है। यह आपके मन में विफलता, अभाव और सीमा में जड़ विश्वास के टकराव का प्रतिनिधित्व करता है।

आपको तुरंत उस नकारात्मक विचार को दफना देना चाहिए, जला देना चाहिए और नष्ट कर देना चाहिए। आपको जीवित रहने के लिए एक चुड़ैल को नहीं भुगतना चाहिए; अर्थात् आपको तुरंत नकारात्मक विचारों

को सफलता, शांति और समृद्धि के सकारात्मक विचारों के साथ बदलना चाहिए और इन अवधारणाओं को अपनी भावना और प्यार देना चाहिए। जब आप विश्वास की इस मनोदशा को बनाए रखेंगे तो आप विजयी होंगे।

संदेह एवं भय मनुष्यों को रोग और विफलता के बंधन में जकड़ लेते हैं। इन झूठी अवधारणाओं के कारण आप डगमगाने लगते हैं, अस्थिर होने लगते हैं, गोल-मोल जवाब देने लगते हैं और आगे बढ़ने में झिझकने लगते हैं। इस पर काबू पाने का तरीका है—अपना विश्वास और अपनी आध्यात्मिक शक्ति को बढ़ाना। पीटर की तरह बनिए; वह सफल हुआ, क्योंकि वह आगे बढ़ा। उसे भरोसा और आत्मविश्वास था, यह जानते हुए कि वह सफल होगा।

सेना के जनरल के पास युद्ध के मैदान में डगमगाने और अस्थिर होने की गुंजाइश नहीं होती। उसे निर्णय लेना पड़ता है। निर्णय लेने में विफलता और उसके साथ मन में निरंतर अस्थिरता, तंत्रिका अवरोध (नर्वस ब्रेकडाउन) और मानसिक उलझन की ओर ले जाती है।

सेना के जनरल के पास युद्ध के मैदान में डगमगाने और अस्थिर होने की गुंजाइश नहीं होती। उसे निर्णय लेना पड़ता है। निर्णय लेने में विफलता और उसके साथ मन में निरंतर अस्थिरता, तंत्रिका अवरोध (नर्वस ब्रेकडाउन) और मानसिक उलझन की ओर ले जाती है। जब आप अपने आपको दो रास्तों पर खिंचता हुआ पाते हैं तो वह संदेह और भय का संकेत है।

आपका अच्छा आपके पास आपकी इच्छा के रूप में आता है। यदि आप बीमार हैं तो आप स्वास्थ्य की इच्छा करते हैं। यदि आप गरीब हैं तो धन की इच्छा करते हैं। यदि आप भय से भरे हुए हैं तो आस्था और आत्मविश्वास की इच्छा करते हैं। यीशु आपके मन के रास्ते चलते हुए आपकी इच्छा के रूप में आते हैं।

आपके मन का एक और हिस्सा है, जो कहता है—

'नहीं, ऐसा नहीं हो सकता। अब बहुत देर हो चुकी है।' 'यह असंभव है।' यह समय है अपनी आँखें उन पहाड़ियों तक उठाने का, जहाँ से आपके लिए सहायता आती है; यानी आप अपनी आँखें तब उठाते हैं, जब आप अपने अच्छे पर ध्यान केंद्रित करते हैं। याद रखिए कि विश्वास सबकुछ कर सकता है। 'तुम्हारे विश्वास ने तुम्हें पूरा बनाया है।' 'तुम्हारे विश्वास के अनुसार तुम्हारे साथ किया जाता है।' आपको इस तथ्य की सराहना करनी चाहिए कि आपकी इच्छा, विचार या सपना वास्तविक है, हालाँकि यह अदृश्य है। यह पता होना कि यह विचार वास्तविक है, चेतना की एक सच्चाई है; आपको विश्वास देता है; आपको भ्रम, विवाद और भय के पानी पर चलकर दिल की गहराई में स्थित विश्वास के स्थान पर जाने में सक्षम बनाता है। पीटर ने कहा, "हे प्रभु! यदि यह तुम हो, तो मुझे पानी पर चलकर अपने पास आने की आज्ञा दो।"

'नहीं, ऐसा नहीं हो सकता। अब बहुत देर हो चुकी है।' 'यह असंभव है।' यह समय है अपनी आँखें उन पहाड़ियों तक उठाने का, जहाँ से आपके लिए सहायता आती है; यानी आप अपनी आँखें तब उठाते हैं, जब आप अपने अच्छे पर ध्यान केंद्रित करते हैं। याद रखिए कि विश्वास सबकुछ कर सकता है।

विचार हमारे प्रभु और स्वामी हैं। विचार हमें नियंत्रित करते हैं और हम पर शासन करते हैं। जो प्रमुख विचार अभी आपके मन में है, वह आपका स्वामी है। यह अपनी खुद की भावना उत्पन्न करता है। भावनाएँ आपको उन्हें व्यक्त करने के लिए बाध्य करती हैं। मन में सिंहासन पर बैठा सफलता का प्रमुख विचार अपनी खुद की मनोदशा या भावना उत्पन्न करता है। यह भावना आपको सही काररवाई करने के लिए मजबूर करती है, जिससे कि आप आस्था और आत्मविश्वास की मनोदशा में जो भी करते हैं, उसमें आपको सफलता मिलती है। अब आपकी इच्छा या विचार आपका स्वामी है।

"हे प्रभु! यदि यह तुम हो तो मुझे पानी पर चलकर अपने पास आने की आज्ञा दो।"

अपनी इच्छा को मानसिक रूप से उपयुक्त करें, उसका चुंबन लें, उसे प्यार करें, उसे अपने मन पर छाने दें, उसकी वास्तविकता को महसूस करें।

पीटर आपके अंदर है, अर्थात् पीटर आस्था, दृढ़ता, एक चीज पर टिके रहनेवाला और एक सर्वशक्तिमान सत्ता में स्थायी विश्वास रखनेवाला है, जो मनुष्य के विचार और मान्यता पर प्रतिक्रिया देता है। तुम्हारे भीतर की यह निराकार जागरूकता तुम्हारी धारणा और विश्वास का रूप ले लेती है।

क्या आपकी इच्छा महान्, प्रेरणादायक और आपको आगे ले जाने के लिए पर्याप्त रूप से अच्छी है? आपका यह आदर्श वास्तविक है, ठीक वैसे ही, जैसे रेडियो का विचार उसके आविष्कारक के दिमाग में वास्तविक था, या फोर्ड के मन में ऑटोमोबाइल का विचार वास्तविक था; या फिर एक वास्तुकार के दिमाग में एक घर का विचार वास्तविक होता है। यह कोई बेकार की कल्पना या दिवास्वप्न नहीं है।

पीटर आपके अंदर है, अर्थात् पीटर आस्था, दृढ़ता, एक चीज पर टिके रहनेवाला और एक सर्वशक्तिमान सत्ता में स्थायी विश्वास रखनेवाला है, जो मनुष्य के विचार और मान्यता पर प्रतिक्रिया देता है। तुम्हारे भीतर की यह निराकार जागरूकता तुम्हारी धारणा और विश्वास का रूप ले लेती है। ये वास्तव में सभी मनुष्यों के लिए सभी चीजें हैं। यदि आपको ताकत की आवश्यकता है तो यह आपके लिए ताकत है। यदि आपको मार्गदर्शन चाहिए तो यह मार्गदर्शन है। यह भोजन और स्वास्थ्य भी है।

सबको किसी-न-किसी चीज में आस्था होती है। आपकी आस्था

क्या है? उसे सभी अच्छी चीजों में विश्वास रहने दें। सर्वोत्तम के लिए एक आनंद भरी प्रत्याशा, आपके दिल में अंकित एक दृढ़ विश्वास कि अनंत बुद्धि आपको आपकी मुश्किल से दूर ले जाएगी और आपको राह दिखाएगी। अब आपको ईश्वर की शक्ति में दृढ़ विश्वास है कि वह आपकी समस्याएँ सुलझा देगी और आपको ठीक कर देगी। ईश्वर में यह विश्वास आपको डर, संदेह, चिंता और हर तरह के काल्पनिक खतरों के पानी पर चलने में सक्षम बनाता है। अब आप जानते हैं कि त्रुटि और भय बिना शक्ति की झूठी धारणाएँ हैं। आप जानते हैं कि ये नकारात्मक स्थितियाँ असत्य और निराधार हैं। पॉल कहते हैं, "आस्था उन चीजों का तत्त्व है, जिनकी हम उम्मीद करते हैं; अनदेखी चीजों का सबूत है।" हर चीज आस्था या भावना से ही प्रवाहित होती है।

जब आप नीचे देखते हैं तो आप मिट्टी देखते हैं; लेकिन जब आप ऊपर देखते हैं तो तारे देखते हैं। उसी प्रकार जब आप कहते हैं, "अब कोई रास्ता नहीं है। मेरा कुछ नहीं हो सकता।" तो आप पीटर की तरह उलझन, भय और मानवीय समझ की हवाओं को देख रहे हैं। लेकिन जब उसे याद आता है कि उसकी शक्ति कहाँ है, तो वह ऊपर यीशु की ओर देखता है, अर्थात् वह समाधान की ओर, उपाय की ओर, सुखद अंत की ओर देखता है तथा मानव-बुद्धि और भागते मन की लहरों को नजरअंदाज कर देता है।

जब आप नीचे देखते हैं तो आप मिट्टी देखते हैं; लेकिन जब आप ऊपर देखते हैं तो तारे देखते हैं। उसी प्रकार जब आप कहते हैं, "अब कोई रास्ता नहीं है। मेरा कुछ नहीं हो सकता।" तो आप पीटर की तरह उलझन, भय और मानवीय समझ की हवाओं को देख रहे हैं।

आस्थावान् मनुष्य अपना भरोसा अपने अंदर की अदृश्य शक्ति में रख देता है। वह जानता है कि यही वास्तविक साम्राज्य है। वह जानता है

कि उसका आदर्श आंतरिक साम्राज्य में वास्तविक है और यह कि उसकी आस्था या भावना निराकार या अदृश्य को एक अवस्था, घटना या अनुभव के रूप में प्रकट कर देगी। यही कारण है कि आस्थावान् व्यक्ति पानी पर चलता है और वादा किए गए देश—उसके अभिलषित लक्ष्य—की ओर आत्मविश्वास और समझ के साथ बढ़ता है, में ले जाता है। आस्था उसे सत्य के रूप में स्वीकार कर रही है, जिससे आपका तर्क और बुद्धि इनकार करते हैं।

आस्था विश्वास है। आपने अपनी माँ पर भरोसा किया, जब आप उसकी बाँहों में थे। आपने उसकी आँखों में देखा और आपको वहाँ प्यार नजर आया। आपका पीटर के ईश्वर में, पूर्ण प्रेमी में आपकी आस्था और विश्वास है और उसे आपकी माँ में आपके विश्वास से बड़ा होना चाहिए।

सभी महान् वैज्ञानिक, रहस्यवादी, कलाकार, कवि और अन्वेषक अपने भीतर की अदृश्य शक्तियों में स्थायी आस्था और विश्वास के अधीन होते हैं।

आस्था विश्वास है। आपने अपनी माँ पर भरोसा किया, जब आप उसकी बाँहों में थे। आपने उसकी आँखों में देखा और आपको वहाँ प्यार नजर आया। आपका पीटर के ईश्वर में, पूर्ण प्रेमी में आपकी आस्था और विश्वास है और उसे आपकी माँ में आपके विश्वास से बड़ा होना चाहिए।

जब आप यह पढ़ रहे हैं तो अपनी इच्छा या अनुरोध को अपने अंदर के व्यक्तिपरक मन को सौंप दीजिए, अपने मन में स्वीकार करते हुए कि उसके पास उपलब्धि का जवाब और अनुभव है। उसके तरीके खोज से परे हैं। जब आप आराम और शांति की स्थिति में होंगे, तो जान जाएँगे कि आप अपने मन की गहराई को भरने में सफल हो गए हैं। संकेत मिलने लगते हैं। शांति की लहर संकेत है। यह आंतरिक विश्वास है। अब आप उलझन, अस्त-व्यस्तता और झूठी मान्यताओं के पानी के ऊपर चल सकते हैं; क्योंकि कुछ ही समय में

आपको लगेगा जैसे आपने सत्य का अनुभव कर लिया है।

टोवार्ड कहते हैं कि यदि कोई चीज सच है तो एक तरीका होगा, जिसमें वह सच है। अपने स्वयं के जीवन में आस्था के जादू और चमत्कारिक शक्ति को देखें। उस चमत्कार को ध्यान से देखें, जो आपके एक गिलास दूध पीने पर होता है। वह आपके अंदर के मास्टर केमिस्ट द्वारा आपके शरीर में ऊतक, मांसपेशी, हड्डी, बाल और रक्त कोशिकाओं में बदल दिया जाता है। अपने रक्षक के लिए अपने अंदर देखें। आपका सच्चा रक्षक आपका विचार और भावना है। इन सबको साथ मिला दीजिए, फिर आपको एक पवित्र वचन, वैवाहिक आनंद और रहस्यवादी विवाह मिल जाएगा। कोई भी विचार या इच्छा, जो प्यार से भरी हो, अजेय होती है; यह कार्यरत आस्था है। पीटर (आस्था) और यीशु (इच्छा) को एक साथ मिला दें, चमत्कार हो जाएगा।

टोवार्ड कहते हैं कि यदि कोई चीज सच है तो एक तरीका होगा, जिसमें वह सच है। अपने स्वयं के जीवन में आस्था के जादू और चमत्कारिक शक्ति को देखें। उस चमत्कार को ध्यान से देखें, जो आपके एक गिलास दूध पीने पर होता है।

केस हिस्टरी

केस हिस्टरी-1

कुछ माह पूर्व मैं जेल में एक कैदी से मिलने गया। उसके दिमाग में पहला विचार था आजादी। 'बाइबल' में यह यीशु के आपके मन के पानी पर चलने का प्रतीक है। कैदी बहुत रूखा और कड़वाहट से भरा था। मैंने उसे समझाया कि उसने खुद को जेल में अपने कर्मों की वजह से डाला था, जो स्वर्णिम नियम के विरुद्ध थे। वह घृणा और ईर्ष्या के मानसिक कारावास में रह रहा था। उसने अपने दिल की अभिलषित इच्छा की पूर्ति के लिए पीटर को बुलाकर, जिसकी एक ईश्वरीय शक्ति में आस्था थी, अपना मानसिक

दृष्टिकोण बदल दिया।

मैंने उस कैदी को विस्तृत निर्देश दिए। वह उनके लिए प्रार्थना करने लगा, जिनसे वह नफरत करता था, बार-बार यह कहते हुए कि "ईश्वर का प्रेम उनके माध्यम से प्रवाहित होता है और मैं उन्हें आजाद करता हूँ।" वह दिन में कई बार ऐसा करने लगा। रात को सोने से पहले वह कल्पना करता था कि वह घर में अपने परिवार के साथ है। वह अपनी नन्ही बेटी को बाँहों में महसूस करता था और उसे कहते हुए सुनता था, 'स्वागत है, डैडी।' वह सब उसकी कल्पना में हो रहा था। कुछ समय बाद उसने यह सब इतना वास्तविक, स्वाभाविक और ज्वलंत बना दिया कि सब उसका एक हिस्सा बन गया। उसने अपने अवचेतन मन को आजादी में अपने विश्वास से भर दिया था।

एक और दिलचस्प बात हुई। अब उसके अंदर अपनी आजादी के लिए प्रार्थना करने की इच्छा नहीं बची थी। यह उसके लिए एक निश्चित मनोवैज्ञानिक संकेत था कि उसने आजादी की इच्छा को आत्मगत रूप से सन्निहित कर लिया था। वह शांति में था, हालाँकि वह सलाखों के पीछे था, पर आत्मगत रूप से जानता था कि वह आजाद था। यह एक आंतरिक ज्ञान था। आप वह चीज नहीं चाहते, जो आपके पास है। अपनी इच्छा की आत्मगत रूप से पूर्ति कर लेने पर उसमें उसके लिए प्रार्थना करने की इच्छा नहीं रह गई थी।

एक और दिलचस्प बात हुई। अब उसके अंदर अपनी आजादी के लिए प्रार्थना करने की इच्छा नहीं बची थी। यह उसके लिए एक निश्चित मनोवैज्ञानिक संकेत था कि उसने आजादी की इच्छा को आत्मगत रूप से सन्निहित कर लिया था।

कुछ माह बीत चुके थे और वह कैदी जेल से रिहा हो गया था। उसके मित्र उसके बचाव के लिए आ गए और उचित चैनलों के माध्यम से उसके सामने एक नए जीवन के लिए द्वार खुल गया।

केस हिस्टरी-2

हमारी बाइबल कक्षा में एक छात्रा ने कहा कि ऐसा कोई रास्ता नहीं था, जिससे वह अपने मित्र को उसकी दुकान खोने से बचा सके। वह अपने बिलों का भुगतान नहीं कर पा रहा था; यहाँ तक कि उसकी गाड़ी भी गिरवी थी।

वह कह रही थी, "यह संभव नहीं है। मुझे कोई रास्ता नहीं दिख रहा है। यह बहुत निराशाजनक है।" फिर उसने प्रार्थना पर हमारा एक व्याख्यान सुना और उसे उस रात लागू किया।

उसने कहा—"मैं संदेह और नकारात्मकता के जल पर चलूँगी और यहोवा के बारे में कहूँगी, वह मेरा आश्रय है, मेरा गढ़ है, मेरा ईश्वर। मैं उसपर विश्वास करूँगी। उसने इस महान् सच्चाई पर अपना मन लगाया—'ईश्वर की शांति उसके मन में भरी है और ईश्वर उसे जवाब देता है।'

उसने कहा—"मैं संदेह और नकारात्मकता के जल पर चलूँगी और यहोवा के बारे में कहूँगी, वह मेरा आश्रय है, मेरा गढ़ है, मेरा ईश्वर। मैं उसपर विश्वास करूँगी। उसने इस महान् सच्चाई पर अपना मन लगाया—'ईश्वर की शांति उसके मन में भरी है और ईश्वर उसे जवाब देता है।'

वह एक शांत व निष्क्रिय स्थिति में बनी रही; इस मनोदशा या भावना में आ गई कि उसके पुरुष मित्र के लिए एक समाधान था और सत्य के इन निम्नलिखित अद्‌भुत शब्दों को मन में लेकर सोने चली गई—'मैं स्थिर खड़ा हूँ। मैं यहोवा के उद्धार को देख रहा हूँ।' वह छात्रा जानती थी कि उद्धारकर्ता उसकी अपनी आस्था में था; उसने अपनी आँखें पहाड़ियों की ओर घुमा लीं। वे पहाड़ियाँ हमेशा एक आंतरिक श्रेणी की होती हैं; ये ईश्वर में आस्था और विश्वास की पहाड़ियाँ हैं, जो पहाड़ों को हिला देती हैं। मानसिक रूप से सभी भावनाओं-प्रमाणों को अस्वीकार करें और अपने उद्धारकर्ता की आँखों में देखें। इसका अर्थ है—अपनी इच्छा या

आदर्श के भावनात्मक अवतार में रहना।

अगले दिन उसके पुरुष मित्र ने उसे फोन किया और उससे कहा कि एक चमत्कार हो गया था। उस दिन एक व्यक्ति से उसे 2,000 डॉलर का चेक मिल गया था। यह वह राशि थी, जो उस व्यक्ति ने उससे दस वर्ष पहले उधार ली थी। उस युवा लड़की की आस्था की प्रार्थना की एक संपूर्ण प्रतिक्रिया के रूप में यह चमत्कार अचानक हो गया था।

□

5

खुशहाली की ओर कदम

खुशहाली एक चेतना की अवस्था है। आस्था और भय आत्मा की मनोदशाएँ हैं। आपकी आस्था सर्वोत्तम की एक आनंद भरी प्रत्याशा है। डर ईश्वर या अच्छाई में आपकी आस्था को चुनौती देने आता है। आपको डर को मनुष्य की अज्ञानता या उसके झूठे विश्वासों के रूप में देखना चाहिए, जो अच्छाई में उसके विश्वास को दूर करने की कोशिश करते हैं।

बीमारी, कमजोरी या विफलता के सुझावों को कभी भी ग्रहण या स्वीकार नहीं करें। यदि आप नकारात्मक सुझावों को सुनते हैं और भयभीत हो जाते हैं तो परमेश्वर की सत्यता की पुष्टि करना शुरू कर दें, जैसे—प्रेम, शांति, आनंद इत्यादि। जान लें कि विचार और भावना परिस्थितियों एवं अनुभवों का कारण हैं।

डर इन झूठी मान्यताओं पर आधारित है कि यहाँ अन्य शक्तियाँ भी हैं, बाहरी चीजें और स्थितियाँ आपको चोट पहुँचा सकती हैं। आपको डर को छोड़ देना चाहिए, क्योंकि उसके पास उसे बनाए रखने के लिए कुछ नहीं है। उसके पीछे कोई वास्तविकता नहीं है। उसके दावे झूठे हैं। इस सरल सच्चाई पर वापस आ जाएँ—"केवल आपके विचार का आपके ऊपर जोर है। एक सर्वशक्तिमान शक्ति अब आपकी ओर से आगे बढ़ रही है, क्योंकि आपके विचार अनंत के साथ तालमेल में हैं।"

ईश्वर पर आस्था से भरा व्यक्ति भविष्य के बारे में कभी चिंतित नहीं

होता। जब चिंता या डर उसके मन के द्वार पर दस्तक देते हैं तो वह ईश्वर पर आस्था के दरवाजे खोलता है और शांति में हो जाता है।

एक बार मैं आयरलैंड के पश्चिमी तट पर एक किसान से मिला था। मैं कुछ दिन उसके घर में रहा था। वह हमेशा खुश और प्रसन्नचित्त लगता था। मैंने उससे उसकी खुशी का रहस्य बताने के लिए कहा। उसका जवाब था, "खुश रहना मेरी आदत है।" यह पूरी कहानी है। प्रार्थना एक आदत है; उसी प्रकार खुशी भी एक आदत है।

बाइबल में कहा गया है, "उस दिन का चयन करें, जब आप सेवा देंगे।" आपके पास खुशी चुनने की स्वतंत्रता है; यह असाधारण रूप से आसान लग सकता है—और यह है भी। शायद यही वजह है कि लोग खुशियों के रास्ते में ठोकर खाते हैं; वे खुशी की कुंजी की सादगी नहीं देखते हैं। आप इन विचारों को ग्रहण करके दुःख का चयन कर सकते हैं—'आज एक काला दिन है। सबकुछ गलत होने वाला है।' 'मैं सफल नहीं होने वाला हूँ।' 'हर कोई मेरे खिलाफ है।'

बाइबल में कहा गया है, "उस दिन का चयन करें, जब आप सेवा देंगे।" आपके पास खुशी चुनने की स्वतंत्रता है; यह असाधारण रूप से आसान लग सकता है—और यह है भी। शायद यही वजह है कि लोग खुशियों के रास्ते में ठोकर खाते हैं; वे खुशी की कुंजी की सादगी नहीं देखते हैं।

शायद आप अपने आप से कहते हैं, 'व्यापार की स्थिति खराब है और इससे भी बदतर होने वाली है।' इसके अलावा, आप स्वयं से कह सकते हैं, 'सबसे बुरा तो अभी होने वाला है।' यदि सुबह के समय सबसे पहले आपकी यही मनोदशा रहेगी तो आप उन सभी अनुभवों को अपनी ओर आकर्षित कर लेंगे और आप बहुत दुःखी रहेंगे।

दूसरी ओर, आप खुशी का चयन कर सकते हैं। यह आप ऐसे कर

सकते हैं—जब आप सुबह अपनी आँखें खोलें तो अपने आप से कहें, 'सभी चीजें उनके लिए एक साथ मिलकर अच्छा काम करती हैं, जो ईश्वर से प्यार करते हैं।'

याद रखें कि सभी भाषाओं में ईश्वर और अच्छाई समानार्थक हैं।

प्रेम एक भावनात्मक जुड़ाव है। सुबह-सुबह अच्छाई से इस प्रकार जुड़ना जारी रखें—खिड़की से बाहर देखें और कहें, "यह मेरे लिए ईश्वर का दिन है। मैं पूरे दिन दिव्य रूप से निर्देशित होता हूँ। मैं जो भी करूँगा, उसमें मुझे समृद्धि मिलेगी। मैं अपने चारों ओर ईश्वर का जादू चलाता हूँ। मैं उसकी रोशनी में चलता हूँ। जब भी मेरा ध्यान ईश्वर या अच्छाई से दूर भटकेगा, मैं तुरंत उसे ईश्वर और उसकी पवित्र उपस्थिति के चिंतन में वापस ले आऊँगा। मैं एक आध्यात्मिक चुंबक हूँ, जो उन सभी चीजों को अपनी ओर आकर्षित कर रहा हूँ, जो मुझे आशीर्वाद देती हैं और समृद्ध बनाती हैं। आज मैं अपने सभी उपक्रमों में एक शानदार सफलता प्राप्त करने जा रहा हूँ। मैं निश्चित रूप से पूरे दिन खुश रहूँगा।"

यह मेरे लिए ईश्वर का दिन है। मैं पूरे दिन दिव्य रूप से निर्देशित होता हूँ। मैं जो भी करूँगा, उसमें मुझे समृद्धि मिलेगी। मैं अपने चारों ओर ईश्वर का जादू चलाता हूँ। मैं उसकी रोशनी में चलता हूँ। जब भी मेरा ध्यान ईश्वर या अच्छाई से दूर भटकेगा, मैं तुरंत उसे ईश्वर और उसकी पवित्र उपस्थिति के चिंतन में वापस ले आऊँगा।

प्रत्येक दिन की शुरुआत इस तरीके से करें। तब आप खुशी का चयन कर रहे होंगे और एक प्रकाशमान व खुशहाल व्यक्ति होंगे।

आप अपनी खुद की मानसिकता के बाहर कुछ अनुभव नहीं कर सकते हैं। आपकी प्रमुख मानसिक मनोदशा वह तरीका है, जिससे आप आंतरिक रूप से अपने बारे में, दूसरों के बारे में और सामान्य दुनिया के

बारे में सोचते एवं महसूस करते हैं। आपका वर्तमान मानसिक रवैया क्या है? आप अंदर से कैसा महसूस करते हैं? क्या आप भ्रमित, क्रोधित या अन्य लोगों के कार्यों के बारे में चिंतित हैं? यदि हैं तो आप खुश नहीं हैं, क्योंकि आप मानसिक रूप से सीमाओं में रह रहे हैं।

अपने मन का लंगर शांति, सफलता और खुशी के विचारों पर डालना शुरू करें; यह वास्तविक प्रार्थना है।

ऐसा अकसर करें; तब आप उस आयरिश किसान की तरह होंगे, जिसने कहा था, "खुश रहना मेरी आदत है।"

आपका प्रमुख मानसिक रवैया आपके सभी अनुभवों को शासित और नियंत्रित करता है। इसलिए आपकी दुनिया में आपके मानसिक रवैए के बाहरी चित्रण के अलावा कुछ भी नहीं आ सकता। सभी अच्छी चीजों से प्रेम करें। आपके तथाकथित 'दुश्मन' भी आपके साथ अच्छा करने के लिए विवश हो जाएँगे।

आपका प्रमुख मानसिक रवैया आपके सभी अनुभवों को शासित और नियंत्रित करता है। इसलिए आपकी दुनिया में आपके मानसिक रवैए के बाहरी चित्रण के अलावा कुछ भी नहीं आ सकता। सभी अच्छी चीजों से प्रेम करें। आपके तथाकथित 'दुश्मन' भी आपके साथ अच्छा करने के लिए विवश हो जाएँगे।

आप मनोवैज्ञानिक और मेटा-भौतिक साहित्य में बार-बार पढ़ते हैं कि आप जिस दुनिया को देखते हैं, वही दुनिया आप खुद हैं। इसका मतलब है कि आप दुनिया के साथ अपने रिश्ते को नियंत्रित कर सकते हैं। जिस दुनिया में आप वास्तव में रहते हैं, वह विचारों, भावनाओं, उत्तेजनाओं और मान्यताओं की एक मानसिक दुनिया है। वास्तव में, हर वह व्यक्ति, परिस्थिति और अनुभव, जिससे आप मिलते हैं, आपके मन में एक विचार बन जाता है।

आप जीवन और परिस्थितियों के प्रति मानसिक रूप से कैसा

महसूस करते हैं और कैसी प्रतिक्रिया करते हैं, यह इस बात पर निर्भर करता है कि आप जीवन के बारे में और सामान्य रूप से चीजों के बारे में क्या सोचते हैं। अगर जीवन और दुनिया के बारे में आपका ज्ञान झूठा है, तब आप बहुत दुःखी हो सकते हैं। अगर आपके पास सच्चा ज्ञान और सही विचार हैं तो आप जीवन के प्रति अपनी भावनात्मक प्रतिक्रियाओं को नियंत्रित कर सकते हैं और आंतरिक शांति प्राप्त कर सकते हैं।

अब आप इस सच्चाई के प्रति जाग्रत् हो रहे हैं कि खुशी उसके द्वारा निर्धारित होती है, जो आपके दिमाग में चल रहा होता है। खुश होने के बारे में एक बहुत महत्त्वपूर्ण बात है। आपको ईमानदारी से खुश होने की इच्छा करनी चाहिए। ऐसे लोग भी हैं, जो इतने लंबे समय से निराश, उदास और दुःखी रहे हैं कि यदि उन्हें अचानक कोई बहुत अच्छी, शानदार खुशखबरी मिल जाए तो वे वास्तव में उस महिला की तरह हो जाएँगे, जिसने मुझसे कहा था, "इतना खुश होना गलत है।" वे अपने पुराने मानसिक प्रतिमानों के इतने आदी हो जाते हैं कि खुश होकर सहज महसूस नहीं करते। वे अपनी पहले की निराशाजनक व दुःखी स्थिति के लिए तड़पते हैं।

मैं इंग्लैंड में एक महिला को जानता था, जिसे बीस साल से गठिया था। वह अपने घुटने पर थपकी देती और कहती, "आज मेरे गठिया का बुरा हाल है। मैं बाहर नहीं जा सकती। मेरा गठिया मुझे बहुत दुःखी करता है।"

मैं इंग्लैंड में एक महिला को जानता था, जिसे बीस साल से गठिया था। वह अपने घुटने पर थपकी देती और कहती, "आज मेरे गठिया का बुरा हाल है। मैं बाहर नहीं जा सकती। मेरा गठिया मुझे बहुत दुःखी करता है।"

उस बुजुर्ग महिला को उसके बेटे, बेटी और पड़ोसियों से काफी सहयोग मिलता था। उसे वास्तव में अपना गठिया चाहिए था। उसे अपने

'दु:ख' में आनंद मिलता था, जैसा कि वह कहती थी। वह महिला वास्तव में खुश नहीं होना चाहती थी।

मैंने उसे 'बाइबल' में बताई गई एक उपचारात्मक प्रक्रिया का सुझाव दिया। मैंने 'बाइबल' के कुछ छंद लिखे और कहा कि अगर वह इन सच्चाइयों पर अपना ध्यान लगाएगी, तो ठीक हो जाएगी। लेकिन उसने उसमें दिलचस्पी नहीं दिखाई। कई लोगों में एक अजीब सी मानसिक लकीर होती है, जिससे वे दु:खी और उदास होने में आनंद महसूस करते हैं।

यीशु ने कहा, "यदि आप इन बातों को जानते हैं तो आप खुश होंगे, यदि आप उन्हें करते हैं।" हमें छोटे बच्चों की तरह बन जाना चाहिए।" इसका कारण यह है कि एक बच्चा खुश रहता है, क्योंकि वह भगवान् के करीब होता है। बच्चे को सहजता से पता होता है कि उसे खुशी कहाँ मिल सकती है। आपको बूढ़ा, सुस्त, कर्कश, बदमिजाज और कठोर होने की जरूरत नहीं है, न ही आपको भावना में क्लांत और उदास होने की आवश्यकता है। जीवन की साधारण सच्चाई हमारे अंदर खुशी उत्पन्न करती है, लोगों की राय नहीं। बहुत सारे लोग रेडियो, टी.वी. सेट, गाड़ियाँ और बड़े-बड़े घर खरीदकर खुशी खरीदने की कोशिश कर रहे हैं; लेकिन खुशी इस प्रकार खरीदी या हासिल नहीं की जा सकती।

मैंने उसे 'बाइबल' में बताई गई एक उपचारात्मक प्रक्रिया का सुझाव दिया। मैंने 'बाइबल' के कुछ छंद लिखे और कहा कि अगर वह इन सच्चाइयों पर अपना ध्यान लगाएगी, तो ठीक हो जाएगी। लेकिन उसने उसमें दिलचस्पी नहीं दिखाई।

भगवान् का साम्राज्य आपके भीतर है और खुशी का साम्राज्य आपके विचार एवं भावना में है। बहुत से लोगों का विचार है कि खुशी उत्पन्न करने के लिए किसी कृत्रिम माध्यम की आवश्यकता होती है। कुछ लोग कहते हैं, "अगर मेरे पास 10 लाख डॉलर हों तो मैं खुश रहूँगा।" दूसरों का

कहना है, "अगर मुझे महापौर या संगठन का अध्यक्ष चुन लिया जाए तो मैं खुश रहूँगा।" इसका जवाब है, "हमें खुशी का चयन करना चाहिए।" हमें खुश रहने की आदत डाल लेनी चाहिए। यह एक मानसिक और आध्यात्मिक स्थिति है। आपकी दैनिक यात्रा और उसकी पवित्र उपस्थिति के साथ मौन वार्त्तालाप के माध्यम से खुशी ईश्वर के पास आती है।

अब मौन की रोटी खाना शुरू कर दें। ऐसा आप इस तथ्य पर ध्यान लगाकर करते हैं कि 'आनंद की परिपूर्णता उसी में है।' जब आप इन शब्दों पर ध्यान केंद्रित करें तो कल्पना करें कि ईश्वर का आनंद और प्रेम एक जीवित धारा या सोते के रूप में आपके मन और हृदय में प्रवाहित हो रहा है; तब आप अपने भीतर ईश्वर के उपहार को सक्रिय कर रहे हैं।

अब मौन की रोटी खाना शुरू कर दें। ऐसा आप इस तथ्य पर ध्यान लगाकर करते हैं कि 'आनंद की परिपूर्णता उसी में है।' जब आप इन शब्दों पर ध्यान केंद्रित करें तो कल्पना करें कि ईश्वर का आनंद और प्रेम एक जीवित धारा या सोते के रूप में आपके मन और हृदय में प्रवाहित हो रहा है; तब आप अपने भीतर ईश्वर के उपहार को सक्रिय कर रहे हैं।

उद्धारकर्ता आपके भीतर है, लेकिन वह सो रहा है। उसे जगाइए। ईश्वर को सक्रिय करने में केवल एक विचार लगता है। हर बार जब आप मानसिक रूप से स्थितियों और परिस्थितियों की शक्ति को अस्वीकार करते हैं और अपने अंदर ईश्वर की उपस्थिति को पहचानते हैं, आप अपने अंदर ईश्वर के उपहार को सक्रिय कर रहे होते हैं। "इस कारण मैं तुझे स्मरण में रखता हूँ कि तू परमेश्वर के वरदान को क्रियाशील करेगा, जो तुझ में है।"

जब आपका मन स्वच्छ और स्वस्थ होता है, जब आपकी आँखें ईश्वर या अच्छाई पर समर्पित और केंद्रित होती हैं, जब आपका हृदय

बच्चे जैसा होता है तो आपका मन शांति में है; फिर आप सद्भावना से भरे होते हैं और खुश होते हैं।

हर सुबह जब आप जागते हैं तो स्वयं से कहें, "ईश्वर मेरा साथी है।" यदि बारिश का दिन है तो खुशी से कहें, "ईश्वर को क्रियाशील देखना कितना अद्भुत है!" जब आप हिमपात देखें तो उसे धन्यवाद दें। जब सूर्य चमकता है तो जानें कि यह हर एक को आशीर्वाद दे रहा है।

आपके भीतर किसी भी स्थिति पर काबू पाने की शक्ति है। आप जीतने के लिए, सफल होने के लिए और विजय प्राप्त करने के लिए पैदा हुए थे। एक मुश्किल काम में महारत हासिल करने में एक महान् रोमांच है। खुशी काबू पाने में मिलती है। अब समस्या के खिलाफ खड़े हो जाएँ। सत्य की उस चमकदार तलवार को उठाएँ और कहें, "मैं जीतते हुए और जीतने के लिए आगे बढ़ रहा हूँ।" सर्वशक्तिमान की शक्ति आपके अंदर है; वह आपको बिलकुल सही समाधान बताएगी। वह आपको वही रास्ता दिखाएगी, जिस पर आपको जाना चाहिए। अपने भीतर की हर नकारात्मक भावना पर विजय प्राप्त करें और काबू पाएँ। प्रेम डर को बाहर निकाल देता है। ईश्वर की शांति पीड़ा को बाहर निकाल देती है। अच्छाई ईर्ष्या को बाहर निकाल देगी। हर तरह की प्रतिकूल परिस्थितियों के बीच उसकी तलाश करें, जो अच्छा है और जो सही है। दूसरे शब्दों में, दैवी उत्तर की तलाश करें।

हर सुबह जब आप जागते हैं तो स्वयं से कहें, "ईश्वर मेरा साथी है।" यदि बारिश का दिन है तो खुशी से कहें, "ईश्वर को क्रियाशील देखना कितना अद्भुत है!" जब आप हिमपात देखें तो उसे धन्यवाद दें। जब सूर्य चमकता है तो जानें कि यह हर एक को आशीर्वाद दे रहा है।

अब अपने 'स्व' की ओर मुड़ें और कहें, "हर सुबह मैं कहूँगा, 'मेरे पास कोई खुशी आने वाली है।' बुराई की कोई वास्तविकता नहीं है,

क्योंकि आपकी बुराई आपका बेतरतीब दिमाग है।"

ईश्वर जीवन है। जीवन हमेशा माधुर्य के तरीकों और शांति के पथ पर खुद को अभिव्यक्त करने की माँग करता है। इसकी प्रवृत्ति जीवन की ओर है। जीवन का आग्रह प्रगति है। जीवन आपके माध्यम से सद्भाव, स्वास्थ्य, शांति, आनंद और खुशी के रूप में अपने को व्यक्त करना चाहता है। ये वे सत्य हैं, जो आप चाहते हैं। ईश्वर की सार्वभौमिक, ब्रह्मांडीय डिजाइन अच्छाई के अलावा कुछ भी नहीं है। अपने मन में ईश्वर की संपूर्ण सर्व-शक्ति के विचार और इस विचार को कि ईश्वर आपको देख रहे हैं, आपके हर कार्य में आपका मार्गदर्शन कर रहे हैं, सिंहासनारूढ़ करें। अपने मन को इस विचार के साथ सुशोभित होने दें, उपचार का जल आपके अंदर प्रवाहित होने लगेगा। जब आप अपना ध्यान इन सच्चाइयों पर केंद्रित करते हैं तो आप खुश रहने को अपनी आदत बना रहे हैं।

ईश्वर जीवन है। जीवन हमेशा माधुर्य के तरीकों और शांति के पथ पर खुद को अभिव्यक्त करने की माँग करता है। इसकी प्रवृत्ति जीवन की ओर है। जीवन का आग्रह प्रगति है। जीवन आपके माध्यम से सद्भाव, स्वास्थ्य, शांति, आनंद और खुशी के रूप में अपने को व्यक्त करना चाहता है।

केस हिस्टरी

केस हिस्टरी-1

मैं लंदन में एक शराबी को जानता था, जो पतन की गहराई तक डूब गया था। जब मैं उससे मिला तो वह सड़क पर शराब के लिए पैसों की भीख माँग रहा था। एक समय में वह एक बहुत सम्मानित वकील था। मैंने उसके साथ लंदन में हाइड पार्क में कुछ समय बिताया और उसे कुछ आसान सत्य बताए। मैंने ये शब्द लिखे और उसे इनको दोहराने के

लिए कहा—"मैं अपने आप को पूरी तरह से ईश्वर और उसके अनंत प्रेम और भलाई को सौंप रहा हूँ। मेरा मन और हृदय अब सर्वशक्तिमान ईश्वर की आत्मा के लिए खुले हैं, जो अब मेरे माध्यम से प्रवाहित हो रही है। ईश्वर मेरा मन व हृदय अपने प्रेम और आनंद से भरता है। मैं हवा को देख नहीं सकता, लेकिन अपने चेहरे पर हवा को महसूस करता हूँ; उसी प्रकार मैं ईश्वर की उपस्थिति को अपने दिल में हलचल करते हुए महसूस करता हूँ। ईश्वर की प्रेम की नदी मुझमें बहती है। मैं स्वच्छ हूँ और परिपूर्ण बना दिया गया हूँ।"

मैंने उससे कहा कि वह अपने शरीर को शिथिल कर दे और दिन में तीन बार पंद्रह मिनट धीरे-धीरे उपर्युक्त ध्यान के शब्द बोले। इसके लिए उसकी ओर से केवल ईमानदारी और विनम्रता की आवश्यकता थी। फिर उसे आश्वासन दिया गया कि वह इस आदत से मुक्त हो जाएगा और अपनी कल्पना से परे धन्य हो जाएगा।

मैंने उससे कहा कि वह अपने शरीर को शिथिल कर दे और दिन में तीन बार पंद्रह मिनट धीरे-धीरे उपर्युक्त ध्यान के शब्द बोले। इसके लिए उसकी ओर से केवल ईमानदारी और विनम्रता की आवश्यकता थी। फिर उसे आश्वासन दिया गया कि वह इस आदत से मुक्त हो जाएगा और अपनी कल्पना से परे धन्य हो जाएगा।

वह व्यक्ति अपनी सादगी में बच्चों जैसा बन गया। उसने अपना वादा पूरा किया। एक हफ्ते से भी कम समय में वह ईश्वर के साथ प्रेम में लग गया। उसने वास्तव में उसके कपड़ों की झालर को छू लिया। जोर से बोलकर ध्यान करते हुए वह कल्पना कर रहा था कि वे शब्द बीज थे, जो उसकी आत्मा में डूब रहे थे। छठे दिन उसका पूरा अस्तित्व और कमरा एक आंतरिक प्रकाश से भर गया और उसे लगा जैसे कि वह अस्थायी रूप से अंधा हो गया था। फिर वह पूरी तरह से ठीक हो गया।

केस हिस्टरी-2

कुछ वर्ष पहले सैन फ्रांसिस्को में एक व्याख्यान देते हुए मैंने एक व्यक्ति का साक्षात्कार लिया, जो अपने काम को लेकर बहुत दुःखी और निराश था। वह कंपनी में जनरल मैनेजर था। उसके मन में कंपनी के उपाध्यक्ष और अध्यक्ष के प्रति बहुत नाराजगी थी। वे उसका विरोध करते थे। उसका दावा था कि इस आंतरिक कलह के कारण व्यापार में गिरावट आ रही थी; उसे लाभांश नहीं मिल रहे थे।

हमारी कंपनी में काम करनेवाले सभी लोग आध्यात्मिक व अद्भुत हैं। उसके विकास, कल्याण और समृद्धि की श्रृंखला में ईश्वरीय कड़ियाँ हैं। मैं अपने दो सहयोगियों और कंपनी में काम कर रहे सभी लोगों के लिए अपने विचारों, शब्दों और कर्मों में सद्भावना प्रसारित करता हूँ।

उसने इस तरह प्रार्थना करके अपनी व्यावसायिक समस्याओं को हल किया। सुबह सबसे पहले उसने निम्नलिखित ध्यान का प्रयोग किया, "हमारी कंपनी में काम करनेवाले सभी लोग आध्यात्मिक व अद्भुत हैं। उसके विकास, कल्याण और समृद्धि की श्रृंखला में ईश्वरीय कड़ियाँ हैं। मैं अपने दो सहयोगियों और कंपनी में काम कर रहे सभी लोगों के लिए अपने विचारों, शब्दों और कर्मों में सद्भावना प्रसारित करता हूँ। मेरे मन में हमारी कंपनी के अध्यक्ष और उपाध्यक्ष के लिए ईश्वर का प्रेम और सद्भावना भर जाएगी। अनंत बुद्धि और दिव्य ज्ञान मेरे माध्यम से सारे निर्णय लेते हैं। हमारे जीवन में केवल यही कारवाई हो रही है। मैं शांति, प्रेम और सद्भावना के दूतों को खुद से पहले कार्यालय भेजता हूँ और ईश्वर की शांति मेरे सहित कंपनी में सभी लोगों के दिलों और दिमागों में सर्वोच्च शासन करती है। मैं अब आस्था, आत्मविश्वास और विश्वास से भरे एक नए दिन में आगे बढ़ रहा हूँ।"

उस कारोबारी कार्यकारी ने इन शब्दों के पीछे की सच्चाई को महसूस करते हुए सुबह तीन बार धीरे-धीरे उपर्युक्त ध्यान दोहराया। उसने इन शब्दों में जीवन, प्रेम, सच्चाई एवं सौंदर्य डाल दिया और वे उसके अवचेतन मन की गहराई में अंदर चले गए। दिन भर में जब भी उसके मन में नकारात्मक विचार आते थे, वह कहता, "इस समय ईश्वर मेरे भीतर है।" कुछ समय बाद उसके मन में नकारात्मक विचार आने बंद हो गए और उसके मन में शांति छा गई।

उसने मुझे न्यूयॉर्क में लिखा कि दो सप्ताह के बाद अध्यक्ष और उपाध्यक्ष ने उसे कार्यालय में बुलाया, उससे माफी माँगी और उससे यह कहते हुए हाथ मिलाया कि कंपनी उसके बिना नहीं चल सकती। वह फिर से बहुत खुश था। उसे खुशी मिलने का कारण दूसरे व्यक्ति में ईश्वर को देखना और सबके लिए प्रेम व सद्भावना प्रसारित करना था। जब उसने ईश्वर की उपस्थिति का अभ्यास करना शुरू किया तो उसे सच्ची खुशी मिल गई।

प्रेम आजाद करता है। वह देता है। वह ईश्वर की आत्मा है। प्रेम सार्वभौमिक विलायक है; क्योंकि प्रेम हर उस चीज में घुल जाता है, जो उसके विपरीत है।

□

6

सामंजस्यपूर्ण मानव संबंध

"वह सब, जो आप चाहते हैं कि दूसरे आपके लिए करें, आपको भी उनके लिए करना चाहिए।"

आप जो पहली चीज सीखते हैं, वह यह है कि आपको और किसी को नहीं, बल्कि खुद को बदलना है।

उपर्युक्त सत्य के बाह्य और आंतरिक दोनों अर्थ हैं। जैसा आप चाहते हैं कि लोगों को आपके बारे में सोचना चाहिए, आप भी उनके बारे में वैसा ही सोचें; जैसा आप चाहते हैं कि लोगों को आपके बारे में महसूस करना चाहिए, आप भी उनके बारे में वैसा ही महसूस करें; जैसा आप चाहते हैं कि लोग आपके साथ बरताव करें, आप भी उनके साथ वैसा ही बरताव करें। 'बाइबल' का यह अंश जीवन के सभी क्षेत्रों में खुशहाल मानव संबंधों की कुंजी है।

क्या आप अपनी 'आंतरिक बातचीत' पर ध्यान देते हैं? उदाहरण के लिए, आप अपने कार्यालय में किसी के प्रति विनम्र और शिष्ट हो सकते हैं, लेकिन उसके पीठ फेरने पर आप अपने मन में उसके प्रति आलोचनात्मक या नकारात्मक हो सकते हैं। ऐसे नकारात्मक विचार आपके लिए बहुत विनाशकारी हैं। यह विष लेने जैसा है। आप वास्तव में एक मानसिक विष ले रहे हैं, जो आपसे आपकी जीवन-शक्ति, उत्साह, ताकत, मार्गदर्शन और सद्भावना छीन लेता है।

जो सुझाव आप दूसरे को देते हैं, वह खुद को दें। अब अपने आप

से पूछें, "मैं इस दूसरे व्यक्ति की ओर आंतरिक रूप से कैसा व्यवहार कर रहा हूँ?" यह आंतरिक रवैया ही है, जो मायने रखता है। अब अपने आप को ध्यान से देखना शुरू करें। लोगों, स्थितियों और परिस्थितियों के प्रति अपनी प्रतिक्रियाओं को ध्यान से देखें। आप दिन भर की घटनाओं और समाचारों पर कैसी प्रतिक्रिया करते हैं? इससे कोई फर्क नहीं पड़ता, यदि अन्य सभी लोग गलत थे और अकेले आप सही थे। यदि कोई खबर आपको परेशान करती है तो वह आपकी बुराई है; क्योंकि आपकी खराब मनोदशा ने आपकी शांति एवं सद्भाव को प्रभावित किया और आपसे उन्हें छीन लिया। आपको प्रसारक की खबरों या टिप्पणियों पर नकारात्मक प्रतिक्रिया देने की आवश्यकता नहीं है। आप निर्विकार, अबाधित और संतुलित रह सकते हैं, यह समझते हुए कि उसे अपनी अभिव्यक्ति और विश्वास पर अधिकार है। हमें वह कभी प्रभावित नहीं करता, जो एक व्यक्ति कहता या करता है; मायने वह प्रतिक्रिया रखती है, जो किसी के कहने या करने पर हम व्यक्त करते हैं।

अपने आपको मानसिक रूप से दो लोगों में विभाजित करें—आपकी वर्तमान मानसिक स्थिति और वह, जिसमें आप होना चाहते हैं। ईर्ष्या, जलन और घृणा के उन विचारों के बारे में सोचें, जिन्होंने शायद आपको गुलाम बना रखा है या कैद कर रखा है।

अपने आपको मानसिक रूप से दो लोगों में विभाजित करें—आपकी वर्तमान मानसिक स्थिति और वह, जिसमें आप होना चाहते हैं। ईर्ष्या, जलन और घृणा के उन विचारों के बारे में सोचें, जिन्होंने शायद आपको गुलाम बना रखा है या कैद कर रखा है। आपने खुद को अनुशासित करने के उद्देश्य से अपने आप को दो लोगों में विभाजित किया है—एक तो चंचल मन है, जो आपके अंदर काम कर रहा है; दूसरा अनंत या ईश्वर का 'स्व' है, जो आपके माध्यम से अभिव्यक्ति चाहता है। अपने साथ ईमानदार रहें

और निर्धारित करें कि कौन सी मनोदशा को जीतना चाहिए?

उदाहरण के लिए, यदि कोई आपके बारे में बात करता है या आपकी आलोचना करता है तो आपकी प्रतिक्रिया क्या होती है?

क्या आप उत्तेजित, क्षुब्ध और क्रोधित होने का ठेठ तरीका अपनाने वाले हैं? अगर आप ऐसा करते हैं, तो सांसारिक बुद्धि को अपने अंदर काम करने दे रहे हैं। आपको इस यांत्रिक, घिसी-पिटी, मशीनी प्रतिक्रिया करने के लिए सकारात्मक रूप से इनकार करना होगा। अपने आप से सकारात्मक और निश्चित रूप से कहें—अनंत शक्ति अब मेरे माध्यम से सोचती है, बोलती है और कार्य करती है। यह मेरा असली 'स्व' है। अब मैं उस व्यक्ति के लिए प्यार, शांति और अच्छाई फैला रहा हूँ, जिसने मेरी आलोचना की थी। मैं उसमें मौजूद देवत्व को प्रणाम करता हूँ। ईश्वर शांति, सद्भाव और प्रेम के रूप में मेरे माध्यम से बोलता है। यह अद्भुत है। अब आप सच्चाई के वास्तविक छात्र हैं। उस झुंड की तरह प्रतिक्रिया करने के बजाय, जो नफरत के बदले नफरत देता है, आपने नफरत के बदले प्यार, चोट के बदले शांति, दुर्भावना के बदले सद्भावना लौटाई है। आपने एक नए तरीके से सोचने और प्रतिक्रिया करने के लिए सच्चाई में प्रवेश किया है। जब आप सच्चाई में प्रवेश करते हैं तो आप पुरानी प्रतिक्रिया को हटाने के लिए प्रतिक्रियाओं का एक नया सेट बनाते हैं। यदि आप स्वयं को लोगों और शर्तों के प्रति उसी तरीके से प्रतिक्रिया करता पाते हैं तो आप बढ़ नहीं रहे हैं, बल्कि आप स्थिर खड़े

> ***अनंत शक्ति अब मेरे माध्यम से सोचती है, बोलती है और कार्य करती है। यह मेरा असली 'स्व' है। अब मैं उस व्यक्ति के लिए प्यार, शांति और अच्छाई फैला रहा हूँ, जिसने मेरी आलोचना की थी। मैं उसमें मौजूद देवत्व को प्रणाम करता हूँ। ईश्वर शांति, सद्भाव और प्रेम के रूप में मेरे माध्यम से बोलता है।***

हैं और चंचल मन में गहराई से डूबे हुए हैं।

आप जानते हैं कि आपको नकारात्मक विचार स्वीकार नहीं करने हैं। पुरानी विचारधाराओं का गुलाम बनने से इनकार करके आप वह बन सकते हैं, जो आप बनना चाहते हैं।

वास्तविक प्रेक्षक बन जाएँ और दिन भर की घटनाओं के प्रति अपनी प्रतिक्रियाओं को ध्यान से देखने का अभ्यास करें। जब भी आपको लगे कि आप नकारात्मक प्रतिक्रिया देने वाले हैं, दृढ़ता से कहें, "यह अनंत शक्ति नहीं है, जो बोल रही है या काम कर रही है।" इससे आपकी नकारात्मक सोच रुक जाएगी। फिर उस पल में आपके अंदर दिव्य प्रेम, प्रकाश और सच्चाई प्रवाहित होने लगेगी। अपनी पहचान क्रोध, नाराजगी, कड़वाहट और नफरत से बनाने के बजाय शांति, सद्‌भाव, गांभीर्य और संतुलन से बनाएँ। इस रवैए से आप वास्तव में अलगाव की कला का अभ्यास कर रहे हैं। आप खुद को पुराने (आपकी वर्तमान मानसिक स्थिति) से अलग कर रहे हैं और नए (वह, जो आप बनना चाहते हैं) से खुद की पहचान स्थापित कर रहे हैं।

वास्तविक प्रेक्षक बन जाएँ और दिन भर की घटनाओं के प्रति अपनी प्रतिक्रियाओं को ध्यान से देखने का अभ्यास करें। जब भी आपको लगे कि आप नकारात्मक प्रतिक्रिया देने वाले हैं, दृढ़ता से कहें, "यह अनंत शक्ति नहीं है, जो बोल रही है या काम कर रही है।"

आप बप्तिस्मावाले होना चाहते हैं; अभिस्वीकृत व्यक्ति, प्रबुद्ध व्यक्ति, गॉडमैन होना चाहते हैं। कौन नहीं चाहता?

कौन नहीं करता? आदर्श बनने के लिए आपको उन सभी गुणों और विशेषताओं के साथ अपनी पहचान बनानी होगी, जिन्हें आप प्रकट करना चाहते हैं।

इस महान् सच्चाई को याद रखें—आपको नकारात्मक विचारों या

प्रतिक्रियाओं के साथ नहीं जाना है, उनमें विश्वास नहीं करना है, न ही उनके लिए सहमति देनी है। पहले की तरह यंत्रवत् प्रतिक्रिया करने से सकारात्मक रूप से इनकार करना शुरू कर दें। एक नए तरीके से सोचें और प्रतिक्रिया दें। आप शांतिपूर्ण, प्रसन्न, उज्ज्वल, स्वस्थ, समृद्ध और प्रेरित बनना चाहते हैं। इसलिए, इस पल से आगे आपको नकारात्मक विचारों से पहचान बनाने से इनकार करना चाहिए, जो आपको नीचे गिराते हैं।

कई महिलाएँ कहती हैं, "मैं अपने पति को कैसे बदल सकती हूँ?" एक और वाक्य, जो बार-बार सुनाई देता है, वह है, "मैं कार्यालय में मरियम को बदलना चाहूँगा। वही सब परेशानियों का कारण है।" अनेक लोगों ने मेटा-फिजिकल वाक्यांश सुना है, "दूसरे में यीशु को देखें और सब ठीक हो जाएगा।" हालाँकि ज्यादातर लोग नहीं जानते कि इसका सही अर्थ क्या है? इसका वास्तव में अर्थ है, दूसरे में ईश्वर की उपस्थिति से अवगत होना और महसूस करना कि ईश्वर वास्तव में उस व्यक्ति के विचारों, शब्दों एवं कार्यों के माध्यम से व्यक्त हो रहा है। इन सच्चाइयों को वास्तव में जानना, स्वीकार करना और मानना ही दूसरे में यीशु को देखना है।

कई महिलाएँ कहती हैं, "मैं अपने पति को कैसे बदल सकती हूँ?" एक और वाक्य, जो बार-बार सुनाई देता है, वह है, "मैं कार्यालय में मरियम को बदलना चाहूँगा। वही सब परेशानियों का कारण है।" अनेक लोगों ने मेटा-फिजिकल वाक्यांश सुना है, "दूसरे में यीशु को देखें और सब ठीक हो जाएगा।"

मानव संबंधों में ऐसी कोई समस्या नहीं है, जिसे आप सामंजस्यपूर्ण तरीके से और सभी संबंधित लोगों के भले के लिए हल नहीं कर सकते। जब आप कहते हैं कि कार्यालय में आपके सहयोगी को सँभालना बहुत मुश्किल है; कि वह कठोर, मतलबी और ऊधमी है तो क्या आप जानते हैं कि पूरी संभावना है कि वह आपके अपने भीतर की मानसिक स्थिति को

प्रतिबिंबित कर रहा है ? समान को समान आकर्षित करता है; समान प्रवृत्ति के लोग इकट्ठे रहते हैं। क्या यह संभव नहीं है कि आपके सहयोगी का कुटिल, चिड़चिड़ा और आलोचनात्मक रवैया आपकी अंदरूनी कुंठाओं और दबे हुए क्रोध का प्रतिबिंब है ? यह व्यक्ति जो कहता है या करता है, उससे आपको वास्तव में चोट नहीं पहुँच सकती, जब तक कि आप उसे चोट पहुँचाने की अनुमति न दें। वह आपको केवल आपके अपने विचारों द्वारा ही परेशान कर सकता है।

यदि आपको गुस्सा आता है तो आप अपने मन में चार चरणों से गुजरे होंगे—आपने उसकी कही बात के बारे में सोचना शुरू किया, आपने गुस्सा होने और क्रोध की मनोदशा बनाने का फैसला किया, फिर आपने काररवाई करने का फैसला किया। शायद आपने फिर से बात की और प्रतिक्रिया व्यक्त की।

उदाहरण के लिए, यदि आपको गुस्सा आता है तो आप अपने मन में चार चरणों से गुजरे होंगे—आपने उसकी कही बात के बारे में सोचना शुरू किया, आपने गुस्सा होने और क्रोध की मनोदशा बनाने का फैसला किया, फिर आपने काररवाई करने का फैसला किया। शायद आपने फिर से बात की और प्रतिक्रिया व्यक्त की। आप देख रहे हैं कि विचार, भावना, प्रतिक्रिया और काररवाई—सब आपके मन में हुए।

अपने खुद के क्रोध का कारण आप स्वयं हैं। यदि किसी ने आपको मूर्ख कहा तो आपको गुस्सा क्यों होना चाहिए ?

आप जानते हैं कि आप मूर्ख नहीं हैं। वह दूसरा व्यक्ति निस्संदेह मानसिक रूप से बहुत परेशान है; शायद उसके बच्चे की रात को मृत्यु हो गई हो या शायद वह मानसिक रूप से बहुत बीमार हो। आपको उस पर दया करनी चाहिए; लेकिन उसकी निंदा नहीं करनी चाहिए। महसूस करें कि ईश्वर की शांति उसके मन में भर रही है और उसका प्यार उसमें

प्रवाहित हो रहा है। तब आप स्वर्णिम नियम का अभ्यास कर रहे होंगे। आप क्रोध या घृणा से नहीं, बल्कि अच्छाई, सच्चाई और सौंदर्य से पहचान स्थापित कर रहे होंगे।

क्या आप उस व्यक्ति की निंदा करेंगे, जिसे टी.बी. है? नहीं, आप नहीं करेंगे। पूरी संभावना है कि यदि वह आपको बताता है तो आप वहाँ ईश्वर की उपस्थिति, सामंजस्य और पूर्णता का एहसास करेंगे, जहाँ समस्या है। यह करुणा होगी। करुणा मनुष्य के मस्तिष्क के माध्यम से कार्य कर रहा ईश्वर का ज्ञान है, जो तब दिखाया जाता है, जब आप सब मनुष्यों को क्षमा कर देते हैं और उनमें ईश्वर को देखते हैं।

एक व्यक्ति, जो घृणित, द्वेषपूर्ण, ईर्ष्यालु एवं शंकालु है और जो बुरी, तुच्छ, अपमानजनक बातें करता है, वह मनोवैज्ञानिक रूप से बहुत बीमार है। वह भी उतना ही बीमार है, जितना वह व्यक्ति, जिसे टी.बी. है। आप ऐसे व्यक्ति को कैसी प्रतिक्रिया देंगे? आपका सच कहाँ है? आपकी बुद्धि और समझ कहाँ है? क्या आप कहेंगे, "मैं झुंड में से एक हूँ, मैं प्रकार में प्रतिक्रिया करता हूँ। मैं द्वेष के बदले द्वेष, घृणा के बदले घृणा और क्रोध के बदले क्रोध लौटाता हूँ?" नहीं, आप रुकेंगे और कहेंगे, "यह अनंत शक्ति नहीं है, जो मेरे माध्यम से कार्य कर रही है। ईश्वर केवल पूर्णता, सुंदरता और सद्भाव को देखता है। इसलिए मैं भी वही देखता हूँ, जो ईश्वर देखता है।" "तुम्हारी आँखें बुराई देखने के लिए बहुत शुद्ध हैं और तुम अधर्म को नहीं देख सकते।" मैं सभी पुरुषों और महिलाओं को वैसे ही देखूँगा, जैसे ईश्वर उन्हें देखता है। जब तुम्हारी आँखें सुंदरता के साथ

एक व्यक्ति, जो घृणित, द्वेषपूर्ण, ईर्ष्यालु एवं शंकालु है और जो बुरी, तुच्छ, अपमानजनक बातें करता है, वह मनोवैज्ञानिक रूप से बहुत बीमार है। वह भी उतना ही बीमार है, जितना वह व्यक्ति, जिसे टी.बी. है। आप ऐसे व्यक्ति को कैसी प्रतिक्रिया देंगे? आपका सच कहाँ है?

अपनी पहचान स्थापित करेंगी, तब तुम विकृत तसवीर को नहीं देख पाओगे।

सूचना या समाचार आपकी पाँचों इंद्रियों के माध्यम से पूरे दिन लगातार आपके ध्यान में लाए जाते हैं। वे आप हैं, जो निर्धारित करते हैं कि बताए गए समाचारों के प्रति आपकी मानसिक प्रतिक्रियाएँ क्या होंगी। आप निश्चिंत, निर्मल और शांत रह सकते हैं या आप क्रोधित हो सकते हैं और नतीजतन माइग्रेन या किसी अन्य प्रकार के दर्द के शिकार हो सकते हैं।

दो व्यक्तियों के एक ही स्थिति में अलग तरह से प्रतिक्रिया करने का कारण उनके अवचेतन का अनुकूलन है। आपका व्यक्तित्व आपकी सभी धारणाओं, मान्यताओं, शिक्षा और प्रारंभिक धार्मिक अभिसरण के कुल योग पर आधारित होता है; मन की यह आंतरिक अभिवृत्ति आपकी प्रतिक्रिया का अनुकूलन करती है।

दो व्यक्तियों के एक ही स्थिति में अलग तरह से प्रतिक्रिया करने का कारण उनके अवचेतन का अनुकूलन है। आपका व्यक्तित्व आपकी सभी धारणाओं, मान्यताओं, शिक्षा और प्रारंभिक धार्मिक अभिसरण के कुल योग पर आधारित होता है; मन की यह आंतरिक अभिवृत्ति आपकी प्रतिक्रिया का अनुकूलन करती है।

एक व्यक्ति एक निश्चित धार्मिक कार्यक्रम सुनकर क्रोध से भर जाएगा; लेकिन उसका भाई उसी कार्यक्रम का आनंद ले सकता है, क्योंकि एक पक्षपातपूर्ण है और दूसरा नहीं। हमारी अवचेतन की धारणाएँ और अनुकूलन हमारी जागरूक काररवाइयों को निर्देशित व नियंत्रित करती हैं। आप अनंत सच्चाइयों के साथ पहचान स्थापित करके अपने मन को बदल सकते हैं। अपने मन को शांति, आनंद, प्रेम, अच्छे हास्य, खुशी और सद्भाव जैसी अवधारणाओं से भरकर अभी शुरुआत करें। अपने मन को इन विचारों के साथ व्यस्त कर लें। जब आप ऐसा करेंगे तो वे अवचेतन के स्तर में डूब जाएँगे और ईश्वर के उद्यान में ऑर्किड बन जाएँगे।

इससे कोई फर्क नहीं पड़ता कि समस्या कहाँ है, कितनी गंभीर है या वह व्यक्ति कितना जटिल है, अंतिम विश्लेषण में बदलना आपको स्वयं को ही है। जब आप खुद को बदलेंगे तो आपकी दुनिया और वातावरण भी बदल जाएगा। शुरुआत नंबर वन से—अपने आप से करें।

आप लोगों के साथ नहीं रह रहे हैं; आप उनके बारे में अपनी अवधारणा के साथ रह रहे हैं। अभी आप जॉन जोंस को कैसी प्रतिक्रिया दे रहे हैं, जो बेंच पर आपकी बगल में बैठा है? जो व्यक्ति उसकी बगल में काम करता है, वह उसे पसंद करता है। उसकी पत्नी उसे प्यार करती है। उसके बच्चों को लगता है कि वह बहुत अच्छा है। शायद उसके क्लब के सदस्यों का मानना है कि वह उदार, दयालु और सहयोगी प्रकृति का है। क्या आप उसे मतलबी और क्षुद्र प्रकृति का समझ रहे हैं? क्या आप उसे नापसंद कर रहे हैं? वह व्यक्ति कौन है? क्या वह आपकी अवधारणा है या बाकी सभी लोग गलत हैं? क्या यह बुद्धिमानी नहीं होगी कि आप अपने भीतर देखें और निर्धारित करें कि आप में ऐसा क्या है, जो उसे कुरूप या आपके लिए एक बाधा बना रहा है? मुझे विश्वास है, आप जवाब अपने भीतर ही ढूँढ़ लेंगे।

आप लोगों के साथ नहीं रह रहे हैं; आप उनके बारे में अपनी अवधारणा के साथ रह रहे हैं। अभी आप जॉन जोंस को कैसी प्रतिक्रिया दे रहे हैं, जो बेंच पर आपकी बगल में बैठा है? जो व्यक्ति उसकी बगल में काम करता है, वह उसे पसंद करता है। उसकी पत्नी उसे प्यार करती है।

शायद आप घर जाकर अपने बेटे या पिता से कह रहे हैं, "उस व्यक्ति जोंस को देखकर मुझे बहुत झुँझलाहट होती है। उससे मुझे इतनी चिढ़ होती है कि मैं शब्दों में बता नहीं सकता।" आप इतने परेशान हैं कि आप अपने भोजन को ठीक से पचा नहीं पा रहे हैं। आपके विवरण के अनुसार यह असंभव है।

जिस समय आप ये सब बातें कह रहे थे, उस समय जोंस कहाँ था? शायद वह अपने परिवार के साथ ओपेरा में था। संभव है, वह नदी में मछली पकड़ने गया हो और शानदार, अद्‌भुत समय बिता रहा हो। वास्तव में, अगर कोई आपसे पूछता है, "इस समय जोंस कहाँ है?" तो आप जवाब देंगे, "मैं नहीं जानता।" अब खुद के साथ ईमानदार रहें और स्वीकार करें कि वह विचार, एक अवधारणा या एक मानसिक छवि के रूप में आपके अपने दिमाग में है। आप खुद को और अपने मन की परेशान स्थिति को प्रकट कर रहे हैं।

निश्चित रूप से वह आपके क्रोध, तनाव या खराब पेट के लिए जिम्मेदार नहीं है। आप अपने मन में जानते हैं—वह जगह, जो मायने रखती है कि उसके प्रति अपने विचारों के लिए आप खुद जिम्मेदार हैं। यह उसके प्रति आपकी नकारात्मक व शत्रुतापूर्ण प्रतिक्रिया है, जो आपकी परेशानी का कारण है। आपकी नकारात्मक स्थिति का कारण आप खुद हैं। अपने आप से पूछें, "कौन ऐसी बातें सोच रहा है और कौन इन्हें महसूस कर रहा है? आप कर रहे हैं।"

निश्चित रूप से वह आपके क्रोध, तनाव या खराब पेट के लिए जिम्मेदार नहीं है। आप अपने मन में जानते हैं—वह जगह, जो मायने रखती है कि उसके प्रति अपने विचारों के लिए आप खुद जिम्मेदार हैं। यह उसके प्रति आपकी नकारात्मक व शत्रुतापूर्ण प्रतिक्रिया है, जो आपकी परेशानी का कारण है।

क्विम्बी कहा करते थे कि जो सुझाव हम दूसरों को देते हैं, असल में वह हम खुद को दे रहे होते हैं। आप अब देख सकते हैं कि यह कितना सच है। वास्तव में, वही स्वर्णिम नियम का आधार है। कभी किसी दूसरे को वह सुझाव न दें या दूसरे के बारे में ऐसा न सोचें, जो आप नहीं चाहेंगे कि दूसरा आपको दे या आपके बारे में सोचे।

अपने आप से किया हुआ छिपा वार्त्तालाप देखें। आप अपने मन में

लोगों से कैसे मिलते हैं, जब वे हजारों मील दूर होते हैं? आप मुँह पर उनके साथ अच्छे हो सकते हैं; लेकिन मायने वह रखता है, जो आप उनके बारे में सोचते हैं। यदि आप नकारात्मक हैं तो आप खुद को विष दे रहे हैं। क्या एक कोने में दवा की दुकान पर जाकर यह कहने का कोई तुक है कि "मुझे वह आदमी जोंस पसंद नहीं है; मुझे थोड़ा विष दे दो। मैं दिन में कई बार उसकी थोड़ी-थोड़ी खुराक लेना चाहता हूँ?" अब आप जवाब दे रहे हैं, "ओह, यह तो बेतुकी बात है।" लेकिन आप यही करते हैं, जब आप दूसरों का विरोध करते हैं या उनके प्रति शत्रुतापूर्ण रवैया रखते हैं। वास्तव में, आप मानसिक विष ले रहे हैं, जो आपकी जीवन शक्ति छीन लेता है, आपका उत्साह नष्ट कर देता है और दुर्बलता लाता है।

जिस प्रकार भौतिक व संक्षारक विष होते हैं, उसी प्रकार मानसिक और संक्षारक विष भी होते हैं। वे भी उतने ही विनाशकारी होते हैं। यदि आप अपने साथ किए गए किसी भी बरताव को लेकर इस समय परेशान, उद्विग्न और क्रोधित हैं तो इसका मतलब है कि आपकी चेतना में एक बहुत ही नकारात्मक सोच की प्रवृत्ति है, जिसे आपको तुरंत सही करना चाहिए।

जिस प्रकार भौतिक व संक्षारक विष होते हैं, उसी प्रकार मानसिक और संक्षारक विष भी होते हैं। वे भी उतने ही विनाशकारी होते हैं। यदि आप अपने साथ किए गए किसी भी बरताव को लेकर इस समय परेशान, उद्विग्न और क्रोधित हैं तो इसका मतलब है कि आपकी चेतना में एक बहुत ही नकारात्मक सोच की प्रवृत्ति है, जिसे आपको तुरंत सही करना चाहिए।

सुनिश्चित करें कि आप उन लोगों में से एक नहीं हैं, जो सौ कारण देंगे कि उन्हें कोधित क्यों होना चाहिए। बहाने बनाना बंद करें; आत्म-समर्थन करना छोड़ दें। किसी से नफरत करने या नाराज होने के लिए आपको सही कैसे ठहराया जा सकता है? क्या आपके पास कोई विशेष लाइसेंस

है? यदि है, तो आपको यह अधिकार किसने दिया? यदि आप किसी दूसरे को लेकर उत्तेजित हैं तो अपने दु:ख के लिए आप खुद जिम्मेदार हैं।

आपको जीवित ईश्वर के मंदिर को अशुद्ध नहीं करना चाहिए। आपका मन प्रार्थना का घर होना चाहिए; उसे चोरों का अड्डा न बनाएँ। वे चोर, जो आपसे आपकी शांति, खुशी, स्वास्थ्य और खुशहाली चुरा लेते हैं, वे हैं—ईर्ष्या, जलन, घृणा, असंतोष और क्रोध। इन अपराधियों और हत्यारों को अपने घर में आने से मना कर दें।

आपको चोरों और गुंडों से बातचीत करने के लिए अपने दिमाग की अँधेरी गलियों और गलियारों के अंदर जाने की आवश्यकता नहीं है। अपने मन की खूबसूरती से प्रकाशित सड़कों पर जाएँ। यीशु या सच्चाई हमेशा आपके मन की सड़कों पर चलते रहते हैं, यह कहते हुए कि "ईश्वर के पास आओ और तुम्हें शांति, आराम, आनंद, लंबा जीवन एवं खुशी मिल जाएगी।" आप जिससे पहचान स्थापित करते हैं, वह बन जाते हैं। आप जो सोचते हैं और जिसे सच के रूप में महसूस करते हैं, उसकी छवि में परिवर्तित हो जाते हैं।

आपको चोरों और गुंडों से बातचीत करने के लिए अपने दिमाग की अँधेरी गलियों और गलियारों के अंदर जाने की आवश्यकता नहीं है। अपने मन की खूबसूरती से प्रकाशित सड़कों पर जाएँ। यीशु या सच्चाई हमेशा आपके मन की सड़कों पर चलते रहते हैं, यह कहते हुए कि "ईश्वर के पास आओ और तुम्हें शांति, आराम, आनंद, लंबा जीवन एवं खुशी मिल जाएगी।"

जब आप कल-कारखाने में जाएँ और उस सहयोगी या लड़की से मिलें, जिसे आप कहते हैं—आपको शब्दों से परे परेशान करता/करती है, तो अपने मन को शांत कर लें और कहें, "यह ईश्वर का बेटा है और ईश्वर का प्रेम इसमें प्रवाहित होता है। मैं उसमें ईश्वर की उपस्थिति को

देखता हूँ। मैं इसे ईश्वर की आँखों से देखता हूँ और यह संपूर्ण, प्रेमपूर्ण, शांत और सहयोगी प्रकृति का है।" इन शब्दों को चुपचाप कुछ बार स्वयं ही दोहराएँ और अपने काम में लग जाएँ। परिणाम देखने की चिंता न करें। आप जानते हैं कि परिणाम आपके बदले हुए मानसिक रवैए का अनुसरण करते हैं।

यदि दिन भर के दौरान आपके मन में क्रोध या नाराजगी का पुराना, दोषपूर्ण विचार आता है तो स्वयं से शांति, प्रेम और सकारात्मकता से कहें, "जो ईश्वर के लिए सच है, वह उसके लिए भी सच है। मैं उसे वैसे ही देखता हूँ, जैसे ईश्वर उसे देखता है। ईश्वर को मुझमें और उसमें भी क्रियाशील देखना अद्भुत है। आप अब अपने आप को देख रहे हैं, क्योंकि आप बुरे विचारों से दबने से इनकार कर रहे हैं। आप केवल ईश्वर या अच्छाई के साथ पहचान स्थापित कर रहे हैं। जब आप सोचने और प्रतिक्रिया करने के अपने नए तरीके को जारी रखेंगे तो एक पूर्ण चिकित्सा आपके पीछे आएगी। आप जैसा कि 'बाइबल' आपको बताती है, अपने मन के नवीकरण द्वारा बदल गए हैं। आपने दूसरों के प्रति अपनी मानसिक और भावनात्मक प्रतिक्रिया बदल ली है। इसके परिणामस्वरूप आपने अपने आप पर प्रभुत्व प्राप्त कर लिया है।

जो ईश्वर के लिए सच है, वह उसके लिए भी सच है। मैं उसे वैसे ही देखता हूँ, जैसे ईश्वर उसे देखता है। ईश्वर को मुझमें और उसमें भी क्रियाशील देखना अद्भुत है। आप अब अपने आप को देख रहे हैं, क्योंकि आप बुरे विचारों से दबने से इनकार कर रहे हैं।

अब आप यह फैसला कर सकते हैं कि आपके विचारों और भावनाओं को कैसे निर्देशित किया जाएगा। अब आप अपने घर (मन) के लिए एक राजा हैं। आपके विचार, सोच और भावनाएँ आपके सेवक हैं। आप आदेश जारी करते हैं। उनका मिशन उस आदेश का पालन करना

है। आप यहाँ नियंत्रित करने के लिए हैं, क्रोधित या उग्र भावनाओं द्वारा नियंत्रित होने के लिए नहीं।

अब जब आप स्वयं से कहते हैं, "मुझमें विचारक कौन है?" तो आपको जवाब देना चाहिए, "मैं हूँ!"

जब आप उन चीजों के बारे में सोचते हैं, जो सच्ची, ईमानदार, न्यायपूर्ण, सुंदर और अच्छी रिपोर्टवाली हैं तो आप वास्तव में सोच रहे हैं। यदि आप खुद को नकारात्मकता से सोचता पाते हैं तो यह आपके अंदर दुनिया का दिमाग सोच रहा है। इसका मतलब है, आपने नियंत्रण खो दिया है।

अगली बार जब आप किसी से नाराज होते हैं या जब आप कहते हैं कि आपकी उसके साथ नहीं बन सकती तो अपने आप से कहें, "जब मैं उसके चेहरे को देखता हूँ तो मैं ईश्वर के चेहरे को देख रहा होता हूँ। वह ईश्वर का अवतार है, जो धरती पर चल रहा है। मैं उसमें ईश्वर को देखता हूँ और बाकी सब ठीक है।"

"तू मनुष्य को देखता है तो तुझे वही बनना चाहिए; यदि तू परमेश्वर को देखता है तो परमेश्वर बनना चाहिए और अगर धूल देखता है तो धूल।"

□

7

अपनी भावनाओं को नियंत्रित करना

प्राचीन ग्रीक कहते थे, "मनुष्य, अपने आप को जानो।"

जब आप स्वयं का अध्ययन करते हैं तो प्रतीत होता है, जैसे आप चार भागों से बने हैं—आपका भौतिक शरीर, भावनात्मक स्वभाव, बुद्धि और आध्यात्मिक सार, जो ईश्वर की उपस्थिति कहलाती है। आपके भीतर का 'मैं हूँ', यह दिव्य उपस्थिति ही आपकी असली पहचान है, जो शाश्वत है।

आप यहाँ स्वयं को अनुशासित करने के लिए हैं, ताकि आपकी बौद्धिक, भावनात्मक और शारीरिक प्रकृति पूर्ण रूप से आध्यात्मिक हो जाए। आपके स्वभाव के ये चार चरण रहस्योद्घाटन की पुस्तक या 'द बुक ऑफ रिवीलेशन' के चार जानवर कहलाते हैं (सेंट जॉन के रहस्योद्घाटन का अर्थ है—ईश्वर का स्वयं को मनुष्य के रूप में प्रकट करना)।

आपके लिए आपकी बौद्धिक और भावनात्मक प्रकृति को अनुशासित व नियंत्रित करने का वास्तविक तरीका है—पूरे दिन ईश्वर की उपस्थिति का अभ्यास करना।

आपके पास एक शरीर है; यह मस्तिष्क की छाया या प्रतिबिंब है। इसके पास अपनी कोई शक्ति नहीं है, न ही कोई पहल या इच्छा। इसकी अपनी कोई बुद्धि नहीं है। यह पूरी तरह से आपके आदेशों या फैसलों के अधीन है। अपने शरीर को एक महान् डिस्क के रूप में देखें, जिस पर

आप अपनी भावनाएँ और धारणाएँ बनाते हैं। एक डिस्क होने के नाते यह ईमानदारी से आपकी सभी भावनात्मक अवधारणाएँ रिकॉर्ड करेगा, कभी उनसे दूर नहीं जाएगा। इसलिए आप इस पर प्यार और सौंदर्य की धुन पंजीकृत कर सकते हैं या फिर दुःख और तकलीफ की। असंतोष, ईर्ष्या, घृणा, क्रोध और उदासीनता—सभी शरीर में विभिन्न रोगों के रूप में प्रकट होते हैं। जब आप अपनी मानसिक और भावनात्मक प्रकृति पर नियंत्रण रखना सीख जाएँगे तो आप दिव्य शक्ति के लिए एक माध्यम बन जाएँगे और उस बंदी भव्यता को रिहा कर देंगे, जो आपके भीतर है।

एक पल के लिए इस पर विचार करें—आप दुनिया भर के पैसे से एक स्वस्थ शरीर नहीं खरीद सकते, लेकिन आप मन की समृद्धि, जैसे शांति, सद्भाव और उत्तम स्वास्थ्य के विचारों द्वारा स्वास्थ्य प्राप्त कर सकते हैं।

अब हम मनुष्य के भावनात्मक स्वभाव पर विचार करते हैं। यदि आप आध्यात्मिक रूप से बढ़ना चाहते हैं तो आपके लिए आपकी भावनाओं को नियंत्रित करना नितांत आवश्यक है।

आइए, अब हम मनुष्य के भावनात्मक स्वभाव पर विचार करते हैं। यदि आप आध्यात्मिक रूप से बढ़ना चाहते हैं तो आपके लिए आपकी भावनाओं को नियंत्रित करना नितांत आवश्यक है। आप सयाने या भावनात्मक रूप से परिपक्व तब समझे जाते हैं, जब आप अपनी भावनाओं को नियंत्रित करने में सक्षम हो जाते हैं। यदि आप अपनी भावनाओं को अनुशासित या नियंत्रित नहीं कर सकते तो आप पचास वर्ष के हो जाने पर भी एक बच्चे ही हैं।

आपको याद रखना चाहिए कि सबसे बड़ा तानाशाह एक गलत विचार है, जो एक मनुष्य के मस्तिष्क को बंधन में रखकर नियंत्रित करता है। जो विचार आप अपने या दूसरों के बारे में रखते हैं, वे आपके अंदर निश्चित भावनाएँ प्रेरित करते हैं।

मनोवैज्ञानिक तौर पर कहें तो भावनाएँ आपको अच्छाई या बुराई के लिए बाध्य करती हैं। यदि आप किसी के प्रति नाराजगी से भरे हैं या उसके प्रति कोई दुर्भावना रखते हैं तो इस भावना का आपके ऊपर बुरा प्रभाव होगा और यह आपके कार्यों को इस तरीके से नियंत्रित करेगी, जिसका उससे कोई लेना-देना नहीं रहेगा, जिसे आप मूल उद्देश्य कहते हैं। जब आप मित्रतापूर्ण और सौहार्दपूर्ण होना चाहेंगे तो आप द्वेषपूर्ण, रूखे और चिड़चिड़े होंगे। जब आप जीवन में स्वस्थ, सफल और समृद्ध होना चाहेंगे तो आपको पता चलेगा कि सबकुछ गड़बड़ हो रहा है। आप लोग, जो इस पुस्तक को पढ़ रहे हैं, शांति और सद्भाव की अवधारणा का चयन करने की अपनी क्षमता से अवगत हैं। अपने मन में शांति के विचार को स्वीकार करें और उसे अपने पर शासन, नियंत्रण और अपना मार्गदर्शन करने दें।

क्विम्बी ने कहा था कि विचार हमारे स्वामी हैं और हम उन विचारों के गुलाम हैं, जिन्हें हम अपने मन में रखते हैं। शांति की अवधारणा जिसके साथ आप अभी रहते हैं, शांति और सद्भाव की भावना प्रेरित करेगी। आपकी भावना ईश्वर की आत्मा है, जो मानव के स्तर पर संचालन कर रही है। शांति और सद्भाव की यह भावना आपको सही कारवाई के लिए बाध्य करेगी। आप अब दिव्य विचारों द्वारा शासित हैं, जो दिव्य आत्मा से उत्पन्न हुए हैं।

क्विम्बी ने कहा था कि विचार हमारे स्वामी हैं और हम उन विचारों के गुलाम हैं, जिन्हें हम अपने मन में रखते हैं। शांति की अवधारणा जिसके साथ आप अभी रहते हैं, शांति और सद्भाव की भावना प्रेरित करेगी। आपकी भावना ईश्वर की आत्मा है, जो मानव के स्तर पर संचालन कर रही है।

अनियंत्रित या गैर-अनुशासित भावना विनाशकारी होती है। उदाहरण के लिए, यदि आपके पास एक शक्तिशाली ऑटोमोबाइल है तो वह आपको सबसे मुश्किल रास्तों पर या एक ऊँची पहाड़ी के शीर्ष पर ले

जाएगा; हालाँकि आपको ऑटोमोबाइल को नियंत्रित करना होगा। अगर आप गाड़ी चलाना नहीं जानते तो आप किसी बिजली के खंभे (पोल) या किसी दूसरी गाड़ी को टक्कर मार सकते हैं। यदि आप ब्रेक के बजाय गियर पर पैर रख देते हैं तो आपकी गाड़ी नष्ट हो सकती है।

एक मजबूत व भावनात्मक प्रकृति होना बहुत अच्छा है, बशर्ते आप स्वामी हों। यदि आप अपने आप को छोटी-छोटी बातों पर गुस्सा होने की या बिना बात के उत्तेजित होने की अनुमति देते हैं, इसका अर्थ है कि आपकी भावनाएँ आपको नियंत्रित कर रही हैं। यदि आप समाचार-पत्रों में पढ़ी खबरों से परेशान हो जाते हैं तो आप अपनी भावनाओं को नियंत्रित नहीं कर रहे हैं। आपको अपनी बुद्धि और भावनाओं को सामंजस्यपूर्ण तरीके से मिलाना सीखना चाहिए। एक आदमी की बुद्धि अपने स्थान पर सही होती है, लेकिन उसे ईश्वर की बुद्धि के साथ अभिषिक्त या प्रकाशित करना चाहिए।

एक मजबूत व भावनात्मक प्रकृति होना बहुत अच्छा है, बशर्ते आप स्वामी हों। यदि आप अपने आप को छोटी-छोटी बातों पर गुस्सा होने की या बिना बात के उत्तेजित होने की अनुमति देते हैं, इसका अर्थ है कि आपकी भावनाएँ आपको नियंत्रित कर रही हैं।

ऐसे कई लोग हैं, जो हमेशा ईश्वर को बुद्धिमान बनाने की कोशिश करते रहते हैं। आप अनंत को परिभाषित नहीं कर सकते। स्पिनोजा ने कहा था कि ईश्वर को परिभाषित करने का अर्थ उसे अस्वीकार करना है। आप उस अत्यधिक बुद्धिमान व्यक्ति से मिले हैं, जो कहता है कि आदमी मौत से बच नहीं सकता, क्योंकि वह अपना मस्तिष्क अपने साथ नहीं ले जाता। वह इतना चालाक है कि वास्तव में विश्वास करता है कि मस्तिष्क स्वयं सोचता और कार्य करता है। ऐसा व्यक्ति सबकुछ त्रि-आयामी दृष्टिकोण से देख रहा है। यहीं पर जाकर बुद्धि का अंत हो जाता है।

बुद्धि, जैसा मैंने पहले कहा था, उसके स्थान पर ठीक है; उदाहरण के लिए, हमारे दैनिक कामकाज में और सभी प्रकार के विज्ञान, कला और उद्योग में। हालाँकि जब हम अपने अंदर की सर्वशक्तिमान जीवित आत्मा तक पहुँचते हैं तो हम बुद्धि की दुनिया को छोड़कर उससे आगे आध्यात्मिक मूल्यों के दायरे में जाने के लिए मजबूर हो जाते हैं, जो संपूर्ण हैं और जहाँ आयाम अनंत हैं।

जब मनुष्य की बुद्धि प्रेम, शांति और सद्भाव की भावनाओं के साथ मिल जाएगी तो वह विस्फोटकों और रसायन-शास्त्र के ज्ञान का उपयोग मानव-जाति के विनाश के लिए नहीं करेगा। मनुष्य अणु बम, सबमैरीन और युद्ध के अन्य हथियार अपने साथी मनुष्यों को नष्ट करने के लिए इस कारण से इस्तेमाल करता है, क्योंकि उसकी आध्यात्मिक जागरूकता और ज्ञान उसकी बौद्धिक उपलब्धियों से बहुत पीछे हैं।

बुद्धि, जैसा मैंने पहले कहा था, उसके स्थान पर ठीक है; उदाहरण के लिए, हमारे दैनिक कामकाज में और सभी प्रकार के विज्ञान, कला और उद्योग में। हालाँकि जब हम अपने अंदर की सर्वशक्तिमान जीवित आत्मा तक पहुँचते हैं तो हम बुद्धि की दुनिया को छोड़कर उससे आगे आध्यात्मिक मूल्यों के दायरे में जाने के लिए मजबूर हो जाते हैं, जो संपूर्ण हैं और जहाँ आयाम अनंत हैं।

आइए, देखते हैं, भावनाएँ कैसे उत्पन्न होती हैं। मान लीजिए, आप एक अपाहिज को देखते हैं; शायद आपको दया आ जाती है। दूसरी ओर आप अपने छोटे, प्यारे बच्चे को देखते हैं, आप अपने अंदर प्रेम की एक भावना महसूस करते हैं। आप जानते हैं कि आप एक भावना की कल्पना नहीं कर सकते; लेकिन यदि आप अतीत की किसी अप्रिय घटना या प्रसंग की कल्पना करते हैं तो आप एक जैसी भावना प्रेरित करेंगे। याद रखें कि एक भावना को प्रेरित करने

से पहले आपका विचार ग्रहण करना अनिवार्य है।

एक भावना हमेशा मन में एक विचार का कार्यान्वयन होती है। क्या आपने चेहरे, आँखों, हृदय और अन्य अंगों पर डर के प्रभाव पर ध्यान दिया है ? आप पाचन-तंत्र पर बुरी खबर या दुःख का प्रभाव जानते हैं। उस बदलाव पर ध्यान दें, जो तब होता है, जब पता चलता है कि आपका डर निराधार है।

भावनाओं को नियंत्रित और अनुशासित करने का तरीका दमन करना या दबाना नहीं है। जब आप किसी भावना का दमन करते हैं तो ऊर्जा आपके अवचेतन में जमा हो जाती है और वहीं पर फँसी रहती है। वैसे ही जैसे बॉयलर के सारे वॉल्व बंद होने पर उसमें दबाव बढ़ जाता है और आप तापमान बढ़ा देते हैं, तब अंत में एक विस्फोट हो जाता है।

सभी नकारात्मक भावनाएँ विनाशकारी होती हैं और शरीर की जीवन शक्ति को कम कर देती हैं। एक स्थायी रूप से चिंतित मनुष्य को आमतौर पर पाचन क्रिया के साथ समस्या होती है। यदि उसके अनुभव में कोई बहुत सुखद बात होती है तो पाचन सामान्य हो जाता है, क्योंकि सामान्य प्रसार बहाल हो जाता है और वायु के आवश्यक स्राव बाधित नहीं होते।

भावनाओं को नियंत्रित और अनुशासित करने का तरीका दमन करना या दबाना नहीं है। जब आप किसी भावना का दमन करते हैं तो ऊर्जा आपके अवचेतन में जमा हो जाती है और वहीं पर फँसी रहती है। वैसे ही जैसे बॉयलर के सारे वॉल्व बंद होने पर उसमें दबाव बढ़ जाता है और आप तापमान बढ़ा देते हैं, तब अंत में एक विस्फोट हो जाता है।

आज मनोदैहिक के क्षेत्र में हमें पता चल रहा है कि बीमारी के कई मामले, जैसे—गठिया, अस्थमा, हृदय संबंधी परेशानियाँ और जीवन में असफलता आदि दमित या दबाई गई भावनाओं के कारण हो सकते हैं,

जो शायद प्रारंभिक जीवन या बचपन के दौरान दबाई गई होंगी।

ये दमित भावनाएँ भूत की तरह बढ़ती हैं और बाद में आपको डराती हैं। आपके मन के उदास गलियारे में घूम रहे इन भूतों को निर्वासित करने का एक आध्यात्मिक और मनोवैज्ञानिक तरीका है। इसका आदर्श तरीका प्रतिस्थापन का नियम है। मानसिक प्रतिस्थापन के नियम के माध्यम से आप नकारात्मक विचार को एक सकारात्मक, रचनात्मक विचार से बदल देते हैं। जब नकारात्मक विचार आपके दिमाग में प्रवेश करें तो उनसे लड़ें नहीं; बस, ईश्वर और उसके प्रेम के बारे में सोचें। आप देखेंगे कि नकारात्मक विचार गायब हो गए हैं। "मैं तुमसे कहता हूँ कि तुम बुराई का विरोध मत करो।" (Math. 5:39) यदि कोई व्यक्ति भयभीत है तो आस्था और आत्मविश्वास की सकारात्मक भावनाएँ उसके भय को पूरी तरह नष्ट कर देंगी।

यदि आप ईमानदारी से अपनी भावनाओं पर शासन करना चाहते हैं तो आपको अपने विचारों पर नियंत्रण बनाए रखना होगा। अपने विचारों का प्रभार लेकर आप डर को प्रेम से बदल सकते हैं। जैसे ही आपको एक नकारात्मक भावना की उत्तेजना प्राप्त हो, उसे प्रेम और सद्भाव की मनोदशा से बदल दें।

यदि आप ईमानदारी से अपनी भावनाओं पर शासन करना चाहते हैं तो आपको अपने विचारों पर नियंत्रण बनाए रखना होगा। अपने विचारों का प्रभार लेकर आप डर को प्रेम से बदल सकते हैं। जैसे ही आपको एक नकारात्मक भावना की उत्तेजना प्राप्त हो, उसे प्रेम और सद्भाव की मनोदशा से बदल दें। डर को रास्ता देने की बजाय कहें, "जो ईश्वर के साथ है, वह बहुमत है।" अपने मन को शांति, प्रेम और ईश्वर पर विश्वास की अवधारणाओं से भर दें; फिर नकारात्मक विचार प्रवेश नहीं कर सकते।

नकारात्मक विचारों को उसी पल नष्ट कर देना आसान है, जब वे मस्तिष्क में प्रवेश करते हैं, बजाय उन्हें तब त्यागने की कोशिश करना,

जब वे आपके मस्तिष्क पर कब्जा जमा लेते हैं। अपने विचारों को नियंत्रित करके और ईश्वर एवं उसकी विशेषताओं के बारे में सोचते हुए नकारात्मक भावनाओं का शिकार होने से इनकार करें। आप सभी भावनाओं और स्थितियों के स्वामी हो सकते हैं। "वह जो क्रोध में धीमा है, सामर्थ्य में श्रेष्ठ है और वह, जो अपनी आत्मा पर शासन करता है, उससे, जो नगर पर शासन करता है।"

'रहस्योद्घाटन की पुस्तक' मनुष्य के बौद्धिक और भावनात्मक जीवन के नियंत्रण से संबंधित है। अध्याय-4 में छठे, सातवें और आठवें छंदों में यह कहती है—"और सिंहासन के सामने क्रिस्टल की तरह चमकता काँच का एक समुद्र था—और सिंहासन के बीच में और सिंहासन के चारों ओर चार जानवर थे, जिनके आगे और पीछे आँखें-ही-आँखें थीं।" और पहला जानवर शेर की तरह था, दूसरा जानवर एक बछड़े जैसा था, तीसरे का चेहरा मनुष्य जैसा था और चौथा जानवर उड़नेवाली चील जैसा था और चारों जानवरों में से हर एक के पास छह पंख थे। उनके भीतर आँखें भरी थीं—और वे दिन व रात में आराम नहीं करते थे। कहते रहते थे, 'पवित्र, पवित्र, पवित्र, प्रभु परमेश्वर सर्वशक्तिमान, जो था और है और आने वाला है'।"

'रहस्योद्घाटन की पुस्तक' मनुष्य के बौद्धिक और भावनात्मक जीवन के नियंत्रण से संबंधित है। अध्याय-4 में छठे, सातवें और आठवें छंदों में यह कहती है—"और सिंहासन के सामने क्रिस्टल की तरह चमकता काँच का एक समुद्र था—और सिंहासन के बीच में और सिंहासन के चारों ओर चार जानवर थे, जिनके आगे और पीछे आँखें-ही-आँखें थीं।"

सिंहासन के सामने काँच के समुद्र का मतलब है—ईश्वर की आंतरिक शांति, क्योंकि ईश्वर ही शांति है।

अपने अस्तित्व के केंद्र में गहराई में अनंत शक्ति मुसकराती हुई विश्राम में फैली है। यह आपके भीतर ईश्वर की जीवित उपस्थिति है। आप इस सिंहासन के सामने खड़े हैं। यह सिंहासन अधिकार का एक प्रतीक है। ईश्वर-शक्ति में एक गहरे व स्थायी विश्वास की भावनात्मक सोच चेतना में आपका अधिकार है। सरल शब्दों में कहते हुए—आपका आंतरिक विश्वास स्वर्ग में आपका सिंहासन है, क्योंकि उसी में आपकी शक्ति है।

"आपके विश्वास के अनुसार आपके लिए किया जाता है।" विश्वास एक सकारात्मक व भावनात्मक रवैया है, जो जानता है कि मैं जो अच्छा चाहता हूँ, वह अब मेरा है।

> ***अपने अस्तित्व के केंद्र में गहराई में अनंत शक्ति मुसकराती हुई विश्राम में फैली है। यह आपके भीतर ईश्वर की जीवित उपस्थिति है। आप इस सिंहासन के सामने खड़े हैं। यह सिंहासन अधिकार का एक प्रतीक है। ईश्वर-शक्ति में एक गहरे व स्थायी विश्वास की भावनात्मक सोच चेतना में आपका अधिकार है।***

सिंहासन के सामने हमेशा रहनेवाले चार जानवर आपके अस्तित्व के चार चरण हैं—आध्यात्मिक, मानसिक, भावनात्मक और भौतिक। एक आध्यात्मिक आधार पर अपनी भावनात्मक प्रकृति प्राप्त करने के लिए इन चार जानवरों को समझना आवश्यक है। ऐसा करने में आप वैज्ञानिक प्रार्थना की कोमल कला सीखते हैं, जो अंतिम विश्लेषण में सभी समस्याओं का जवाब है। चेतना की इन चार शक्तियों का अध्ययन करें—

शेर जंगल का राजा है; मतलब है—ईश्वर, आपका मैं हूँ स्वभाव (I AMNESS)।

वृषभ का मतलब बैल या बोझ का जानवर है। आपका बोझ आपकी इच्छा है। आप अपनी इच्छा को अपनी चेतना का एक हिस्सा बनाने के लिए अपनी कल्पना में श्रम करते हैं।

कुंभ का अर्थ है—जल वाहक; इसका मतलब है—ध्यान। शब्द 'ध्यान' का मतलब है—ईश्वर के या अपने अच्छे पर भोज करना, अपने आदर्श पर भोज करना। आप अपने आदर्श पर जल डालते हैं, जिसका अर्थ है—आप उस पर ध्यान केंद्रित करते हैं और उस पर प्यार डालते हैं, जो जीवन का पानी है। कुछ होता है, जब आप मानसिक रूप से अपने आदर्श पर भोज करते हैं; आप एक भावना उत्पन्न करते हैं। उत्तरार्द्ध ईश्वर की भावना है, जो आपकी ओर से बढ़ रही है। आपकी भावना पवित्र आत्मा है, जो मानव के स्तर पर आगे बढ़ रही है। ईश्वर आपके भीतर एक प्रतिक्रियाशील, पारस्परिक शक्ति है। आपकी भावना विचार की प्रकृति के अनुसार प्रतिक्रिया करती है। जब आप अपने विचार को भावुक बनाते हैं, वह प्रभाव के रूप में अवचेतन मन में डूब जाती है। इसे चील या वृश्चिक कहते हैं, जिसका अर्थ है—दिव्य संषेचन। यह एक आदर्श या इच्छा के उत्थान या अभिव्यक्ति के चार चरण हैं। जिसका भी प्रभाव होता है, वह अभिव्यक्त होता है।

कुंभ का अर्थ है—जल वाहक; इसका मतलब है—ध्यान। शब्द 'ध्यान' का मतलब है—ईश्वर के या अपने अच्छे पर भोज करना, अपने आदर्श पर भोज करना। आप अपने आदर्श पर जल डालते हैं, जिसका अर्थ है—आप उस पर ध्यान केंद्रित करते हैं और उस पर प्यार डालते हैं, जो जीवन का पानी है।

चार जानवरों में से प्रत्येक के पास छह पंख थे। ये छह पंख मानसिक व रचनात्मक कार्य का उल्लेख करते हैं। जब विचार एवं भावना सद्भाव और आस्था के साथ मिल जाते हैं तो मन में एक वैवाहिक समारोह का आयोजन होता है। इस मानसिक, रचनात्मक कार्य का ज्ञान आपको पंख देता है; आपको दुनिया के तूफानों और संघर्षों से ऊपर उठने और अपने मन के अंदर शांति और शक्ति पाने में सक्षम बनाता है।

आइए, हम आध्यात्मिक और मानसिक रचना की कहानी को समझाते हुए एक उदाहरण लेते हैं—यहोवा नाम में वैज्ञानिक रूप से प्रार्थना करने का सबसे सही तरीका छुपा हुआ है, जिससे सभी असंतुलित भावनाएँ वैज्ञानिक नियंत्रण के तहत आ जाती हैं। यहोवा, योद-ही-वौ-ही—चार अक्षरों से बना है। 'योद' का अर्थ है—ईश्वर या मैं हूँ (I AM); 'ही' का अर्थ है—इच्छा या विचार; 'वौ' भावना या सोच है और अंतिम 'ही' उसकी अभिव्यक्ति है, जिसे आपने अपने अंदर सच समझा। इनमें से तीसरा अक्षर 'वौ' सबसे महत्त्वपूर्ण समझा जाता है। यह आपको महसूस करने में सक्षम बनाता है कि आप वह हैं, जो आप होना चाहते हैं। इस मानसिक वातावरण में चलें कि अब आप वह हैं, जो होना चाहते हैं। यह मनोदशा आपके अंदर जम जाएगी और आपको प्रार्थना का उत्तर मिलने की खुशी महसूस होगी। 'वौ' शब्द का अर्थ—'कील से जड़ना' भी होता है। अपनी इच्छा को जड़ने का अर्थ है—उसे चेतना में स्थिर कर देना, ताकि आप उसके प्रति शांति में हो जाएँ।

> ***हम आध्यात्मिक और मानसिक रचना की कहानी को समझाते हुए एक उदाहरण लेते हैं—यहोवा नाम में वैज्ञानिक रूप से प्रार्थना करने का सबसे सही तरीका छुपा हुआ है, जिससे सभी असंतुलित भावनाएँ वैज्ञानिक नियंत्रण के तहत आ जाती हैं। यहोवा, योद-ही-वौ-ही—चार अक्षरों से बना है।***

याद रखें कि आपको अपनी स्वयं की त्रुटियों या अज्ञानता से उत्पन्न बीमारी और भ्रम की स्थिति में जीने की आवश्यकता नहीं है। आपके पास कल्पना करने और महसूस करने की शक्ति एवं क्षमता है कि आप वह हैं, जो होना चाहते हैं। जब आप मानसिक रूप से अपनी इच्छा को पूरी तरह से स्वीकार कर लेते हैं कि आप अब वह हैं, जो होना चाहते हैं, तो मानसिक अवशोषण के माध्यम से आपने वह नाम या ईश्वर का

रचनात्मक तरीका पूरा कर लिया है, जैसा कि इस नाम 'योद-ही-वौ-ही' में चित्रित किया गया है। दूसरे शब्दों में, आपने रचनात्मक प्रक्रिया को अपने दिमाग में पूरा कर लिया है, जैसा कि ट्रोवार्ड ने अपनी पुस्तक 'बाइबल मिस्ट्री एंड बाइबल मीनिंग' में रेखांकित किया है। वैज्ञानिक तरीके से प्रार्थना करने के बारे में जानना भावनाओं को नियंत्रित करने में सक्षम होना है। "दुनिया के सपनों की तुलना में प्रार्थना द्वारा कहीं अधिक चीजें गढ़ी जाती हैं।"

केस हिस्टरी

केस हिस्टरी-1

आइए, हम कुछ केस हिस्टरीज लेते हैं। कोरिया से लौटे एक सैनिक ने मुझे बताया था कि जब वह भय से जब्त हो जाता था तो खुद से बार-बार कहता था, "ईश्वर का प्रेम मुझे घेरे हुए हैं और मेरे आगे जाता है।" इस प्रतिज्ञान ने उसके दिमाग को प्रेम और आस्था की भावना से प्रभावित किया। प्रेम की इस मनोदशा ने उसके डर की जगह ले ली। 'सर्वोत्तम प्रेम डर को बाहर निकाल देता है।' यह डर से मुक्ति की प्रक्रिया का जवाब है।

केस हिस्टरी-2

एक माँ, जिसके इकलौते बच्चे की मृत्यु हो गई थी, दु:ख से विह्वल थी। दु:ख उसकी दृष्टि को प्रभावित कर रहा था और वह माइग्रेन के दर्द से पीड़ित हो गई थी। वह अवसाद की गहरी अवस्था में थी। मैंने उसे सुझाव दिया कि वह अस्पताल जाकर बच्चों के वार्ड में अपनी सेवाएँ प्रदान करे। वह एक पूर्व नर्स थी। एक स्थानीय अस्पताल में अपना समय देते हुए उसने बच्चों पर प्यार उड़ेलना शुरू कर दिया। वह उन्हें दुलारती, उनकी देखभाल करती और उन्हें खाना खिलाती। प्यार अब उसके भीतर बंद नहीं रहा था। वह दिव्य के लिए एक माध्यम बन गई और ईश्वर के प्रेम की धूप फैलाने लगी। वह उदात्तीकरण का अभ्यास करती थी, जो

उसके अवचेतन मन के भीतर दर्ज ऊर्जा का पुनर्निर्देशन थी। इस प्रकार, उसने अपने अवचेतन मन के विष की जेबें खाली कर दीं।

केस हिस्टरी-3

एक महिला, जो हमारी मीटिंग में आती थी, ने मुझसे कहा कि वह पड़ोसियों के क्रिया-कलापों के कारण समय-समय पर क्षोभ और क्रोध के दौरों की आदी थी। क्षोभ और घृणा को अवचेतन में धकेलकर उन्हें खुद को मानसिक व शारीरिक रूप से प्रभावित करने की अनुमति देने के बजाय वह पानी का एक गैलन लेकर खिड़कियाँ या फर्श धोने लगती और अपने क्षोभ को पेशी ऊर्जा में परिवर्तित कर देती थी। कभी-कभी वह बगीचे में खुदाई शुरू कर देती, स्वयं से जोर-जोर से कहते हुए कि "मैं परमेश्वर के बगीचे में खुदाई कर रही हूँ और ईश्वर के विचारों को लगा रही हूँ।" ऐसा वह एक बार में पंद्रह मिनट तक करती थी। खिड़कियाँ धोते समय वह जोर से कहती, "मैं प्रेम और जीवन के जल से अपने मन को शुद्ध कर रही हूँ।" उपर्युक्त विवरण भौतिक तरीके से नकारात्मक भावनाओं को दूर करने के आसान तरीके हैं।

□

8

‘मैं’ की भावना को बदलना

आप जो भी सोचते हैं, महसूस करते हैं, बोलते हैं या कल्पना करते हैं, यदि उन सभी चीजों में ‘मैं’ कहते हैं तो आप अपने भावनात्मक जीवन को बदल नहीं सकते। याद रखें कि आपके मन में सभी प्रकार के विचार प्रवेश कर सकते हैं; सभी प्रकार की भावनाएँ आपके दिल में प्रवेश कर सकती हैं। यदि आप सभी नकारात्मक विचारों को ‘मैं’ कहते हैं तो आप उनके साथ खुद की पहचान स्थापित कर रहे हैं और आप आंतरिक रूप से उनसे अलग नहीं हो पाएँगे। आप नकारात्मक भावनाओं और विचारों से ‘मैं’ को जोड़ने से इनकार कर सकते हैं।

आप सड़क पर चलते समय गंदगीवाली जगहों से बचते हुए चलते हैं। इसी तरह आपको अपने दिमाग की गंदी सड़कों पर चलने से बचना चाहिए, जहाँ भय, असंतोष, शत्रुता और दुर्भावनाएँ घात में रहती हैं और चालें चलती हैं। नकारात्मक टिप्पणियों को सुनने से इनकार कर दें। नकारात्मक मनोदशाओं को न छुएँ, न ही उन्हें अपने को छूने दें। अपने बारे में और जो आप वास्तव में हैं, उसके बारे में एक नई भावना प्राप्त करके आंतरिक विभाजन का अभ्यास करें। यह महसूस करना शुरू करें कि आप में जो असली ‘मैं’ है, वह अनंत आत्मा, अनंत शक्ति है। इस अनंत के गुणों और विशेषताओं के साथ अपने आपको पहचानना शुरू करें, फिर आपका पूरा जीवन बदल जाएगा।

आपके नकारात्मक व भावनात्मक स्वभाव को बदलने का संपूर्ण रहस्य आत्म-निरीक्षण का अभ्यास करने में है। निरीक्षण करना और स्वयं

का निरीक्षण करना—ये दो अलग चीजें हैं। जब आप कहते हैं, “तुम देखो।” तो आपका मतलब होता है कि आप बाहरी चीजों पर अपना ध्यान केंद्रित करें। आत्म-निरीक्षण में ध्यान भीतर की तरफ निर्देशित होता है।

एक आदमी अपना संपूर्ण जीवन-काल परमाणु, सितारों, शरीर और इस अभूतपूर्व दुनिया का, अर्थात् बाह्य दुनिया की जानकारी का अध्ययन करते हुए बिता सकता है; यह ज्ञान उसमें एक आंतरिक बदलाव नहीं ला सकता। आंतरिक बदलाव का—हृदय में परिवर्तन लाने का—उपाय आत्म-निरीक्षण है।

आपको अंतर करना, पहचानना, गेहूँ से भूसे को अलग करना सीखना चाहिए। आप आत्म-अवलोकन की कला का अभ्यास तब करते हैं, जब आप स्वयं से पूछना शुरू करते हैं, “क्या यह विचार सही है? क्या यह मुझे आशीर्वाद देगा, मुझे ठीक करेगा और मुझे प्रेरित करेगा? क्या यह मुझे मन की शांति देगा और मानवता के कल्याण में योगदान करेगा?”

आपको अंतर करना, पहचानना, गेहूँ से भूसे को अलग करना सीखना चाहिए। आप आत्म-अवलोकन की कला का अभ्यास तब करते हैं, जब आप स्वयं से पूछना शुरू करते हैं, “क्या यह विचार सही है? क्या यह मुझे आशीर्वाद देगा, मुझे ठीक करेगा और मुझे प्रेरित करेगा? क्या यह मुझे मन की शांति देगा और मानवता के कल्याण में योगदान करेगा?”

आप दो दुनिया में रह रहे हैं—बाहरी और आंतरिक; फिर भी ये दोनों एक हैं। एक दृश्यमान और दूसरी अदृश्य (आत्मपरक और वस्तुपरक)। बाहरी दुनिया आपकी पाँचों इंद्रियों के माध्यम से प्रवेश करती है और सभी के द्वारा साझा की जाती है। सोच, भावनाओं, उत्तेजना, विश्वास एवं प्रतिक्रिया की आपकी आंतरिक दुनिया अदृश्य है और केवल आपकी है।

अपने आप से पूछें, “मैं किस दुनिया में रहता हूँ? क्या मैं अपनी

पाँचों इंद्रियों द्वारा प्रकट की गई दुनिया में जीता हूँ या इस भीतर की दुनिया में ?" यह आंतरिक दुनिया ही है, जिसमें आप हर समय जीते हैं। यही वह जगह है, जहाँ आप महसूस करते हैं और कष्ट सहते हैं।

मान लीजिए, आप एक समारोह में आमंत्रित हैं। वह सब जो आप देखते, सुनते, चखते, सूँघते और छूते हैं, बाहरी दुनिया का है। वह सब, जो आप सोचते, महसूस करते, पसंद-नापसंद करते हैं, आंतरिक दुनिया का है। आप अलग-अलग रूप में दर्ज दो समारोहों में हिस्सा लेते हैं— अर्थात् एक, जो बाहरी है और दूसरी, जो आंतरिक है। वह विचार, एहसास और एक भावना की आंतरिक दुनिया है, जिसमें आप उठते व गिरते हैं और इधर-उधर लहराते हैं।

अपने आप से पूछें, "मैं किस दुनिया में रहता हूँ ? क्या मैं अपनी पाँचों इंद्रियों द्वारा प्रकट की गई दुनिया में जीता हूँ या इस भीतर की दुनिया में ?" यह आंतरिक दुनिया ही है, जिसमें आप हर समय जीते हैं। यही वह जगह है, जहाँ आप महसूस करते हैं और कष्ट सहते हैं।

अपने आपको बदलने के लिए आपको भीतर की दुनिया को बदलना शुरू करना चाहिए—भावनाओं की शुद्धि और सही सोच द्वारा मन की सही व्यवस्था के माध्यम से। यदि आप आध्यात्मिक रूप से विकास करना चाहते हैं तो आपको स्वयं को बदलना होगा।

परिवर्तन का अर्थ है—एक चीज को दूसरे में बदलना। पदार्थ के परिवर्तन के कई जाने-माने परिवर्तन हैं। जैसे आसवन की प्रक्रिया के माध्यम से चीनी शराब में बदल जाती है; रेडियम धीरे-धीरे सीसे में बदल जाता है आदि। जो खाना आप खाते हैं, वह चरणबद्ध तरीके से आपके अस्तित्व के लिए आवश्यक सभी पदार्थों में बदल जाता है।

प्रभावों के रूप में आ रहे आपके अनुभवों को भी इसी तरह बदलना चाहिए।

मान लीजिए कि आप उस व्यक्ति को देखते हैं, जिसे आप पसंद करते हैं और जिसकी प्रशंसा करते हैं; आप उसके बारे में प्रभाव प्राप्त करते हैं। मान लीजिए कि दूसरी ओर आप उस व्यक्ति से मिलते हैं, जिसे आप नापसंद करते हैं; आप उसके बारे में भी प्रभाव प्राप्त करते हैं।

यह पढ़ते समय सामने विश्राम कर रही आपकी पत्नी या बेटी आपके लिए वे हैं, जो आप सोच रहे हैं कि वे हैं। दूसरे शब्दों में, प्रभाव आपके मस्तिष्क द्वारा प्राप्त किए जाते हैं। यदि आप बहरे होते तो उनकी आवाजें नहीं सुन पाते। आप लोगों के बारे में अपने विचार बदल सकते हैं। अपना विचार बदलने का मतलब अपने आपको बदलना होता है; अपना जीवन बदलना, जीवन के प्रति अपनी प्रतिक्रियाएँ बदलना होता है; अपना जीवन बदलने के लिए जीवन के प्रति अपनी प्रतिक्रियाएँ बदलें। क्या आप खुद को घिसे-पिटे तरीके से प्रतिक्रिया करते पा रहे हैं? यदि आपकी प्रतिक्रियाएँ नकारात्मक हैं तो वह आपका जीवन है। अपने जीवन को उन प्रभावों के प्रति नकारात्मक प्रतिक्रियाओं की एक शृंखला न बनने दें, जो आपके पास प्रतिदिन आते हैं।

यह पढ़ते समय सामने विश्राम कर रही आपकी पत्नी या बेटी आपके लिए वे हैं, जो आप सोच रहे हैं कि वे हैं। दूसरे शब्दों में, प्रभाव आपके मस्तिष्क द्वारा प्राप्त किए जाते हैं। यदि आप बहरे होते तो उनकी आवाजें नहीं सुन पाते। आप लोगों के बारे में अपने विचार बदल सकते हैं।

अपना निरीक्षण वास्तव में करने के लिए आपको देखना चाहिए कि चाहे कुछ भी हो जाए, आपके विचार और भावनाएँ इस महान् सच पर स्थिर हैं—'ईश्वर और स्वर्ग में कैसा है?' यह आपको ऊपर उठा देगा और आपके सभी नकारात्मक विचारों और भावनाओं को बदल देगा। आप कह सकते हैं कि दूसरे लोग जिम्मेदार हैं, क्योंकि उनके बात करने या काम करने का तरीका ऐसा है। लेकिन अगर उनका कहना या करना

आपको नकारात्मक बनाता है तो आप अंदर से परेशान हैं। यह नकारात्मक अवस्था है, जहाँ आप रहते व चलते हैं और जहाँ आपका अस्तित्व है।

आप नकारात्मक होने का जोखिम नहीं उठा सकते हैं। यह आपकी जीवन-शक्ति को कमजोर कर देता है, आपका उत्साह छीन लेता है और आपको शारीरिक व मानसिक रूप से बीमार बना देता है। क्या आप उस कमरे में रहते हैं, जहाँ आप अभी हैं? या फिर आप अपने विचारों, भावनाओं, उम्मीदों और निराशा में रहते हैं? क्या अभी जो आप अपने वातावरण के बारे में महसूस कर रहे हैं, आपके लिए वास्तविक नहीं है? जब आप कहते हैं, 'मेरा नाम जॉन जोंस है।' तो आपका क्या मतलब होता है? क्या यह एक तथ्य नहीं है कि आप अपने विचारों का एक उत्पाद हैं? साथ ही प्रथाओं, परंपराओं और उनके प्रभावों का, जो आपके बढ़ने के दौरान आपके आस-पास थे? आप वास्तव में कुल योग हैं अपने विचारों और विश्वासों का, साथ ही उसका, जो आपने अपनी शिक्षा, पर्यावरण कंडीशनिंग से प्राप्त किया है और उन अनगिनत प्रभावों का भी, जो बाहरी दुनिया से आप पर काम कर रहे हैं तथा आपकी बाहरी इंद्रियों के माध्यम से प्रवेश कर रहे हैं।

आप नकारात्मक होने का जोखिम नहीं उठा सकते हैं। यह आपकी जीवन-शक्ति को कमजोर कर देता है, आपका उत्साह छीन लेता है और आपको शारीरिक व मानसिक रूप से बीमार बना देता है। क्या आप उस कमरे में रहते हैं, जहाँ आप अभी हैं? या फिर आप अपने विचारों, भावनाओं, उम्मीदों और निराशा में रहते हैं?

शायद अब आप दूसरों के साथ खुद की तुलना कर रहे हैं। क्या आप ऐसे व्यक्ति की उपस्थिति में कमतर महसूस करते हैं, जो आप की तुलना में अधिक प्रतिष्ठित प्रतीत होता है? मान लीजिए कि आप एक महान् पियानो-वादक हैं, तो जब कोई अन्य पियानो-वादक की प्रशंसा

करता है तो क्या आप खुद को कमतर समझते हैं? यदि आपके पास 'मैं' की वास्तविक भावना है तो यह संभव नहीं होगा। 'मैं' की सच्ची भावना आप में अनंत की उपस्थिति का एहसास है, जिसकी कोई तुलना नहीं है।

ऑसपेंस्की का कहना था कि लोग आसानी से परेशान हो जाते थे, क्योंकि उनकी 'मैं' की भावना चेतना की नकारात्मक स्थितियों से प्राप्त होती थी। 'मैं' की भावना उनकी पसंदीदा अभिव्यक्तियों में से एक थी और उनके कुछ विचार इस अध्याय में शामिल किए गए हैं।

मैंने हाल ही में अपनी बाइबल की कक्षा में एक व्यक्ति से कहा, "क्या आपने लोगों, अखबारों के लेखों और रेडियो कमेंटेटरों के प्रति अपनी विशिष्ट प्रतिक्रियाओं पर ध्यान दिया है? क्या आपने अपने सामान्य, घिसे-पिटे व्यवहार पर ध्यान दिया है?"

मैंने हाल ही में अपनी बाइ बल की कक्षा में एक व्यक्ति से कहा, "क्या आपने लोगों, अखबारों के लेखों और रेडियो कमेंटेटरों के प्रति अपनी विशिष्ट प्रतिक्रियाओं पर ध्यान दिया है? क्या आपने अपने सामान्य, घिसे-पिटे व्यवहार पर ध्यान दिया है?"

उसने उत्तर दिया, "नहीं, मैंने इन बातों पर ध्यान नहीं दिया है।" वह खुद को सही मानते हुए चल रहा था और आध्यात्मिक रूप से आगे नहीं बढ़ रहा था। वह अपनी प्रतिक्रियाओं के बारे में सोचने लगा; फिर उसने स्वीकार किया कि कई लेखों और कमेंटेटरों से उसे बेहद चिढ़ थी। वह एक मशीन की तरह से प्रतिक्रिया कर रहा था और खुद को अनुशासित नहीं कर रहा था। इससे कोई फर्क नहीं पड़ता था, यदि सभी लेखक और कमेंटेटर गलत थे और वह अकेला सही था। उसमें उत्पन्न हुई नकारात्मक भावना विनाशकारी है। यह मानसिक और आध्यात्मिक अनुशासन की कमी दिखाती है।

जब आप कहते हैं, 'मैं यह सोचता हूँ···', 'मैं वह सोचता हूँ···', 'मैं इस बात से अप्रसन्न हूँ,' तो कौन सा 'मैं' बोल रहा है? क्या हर क्षण

एक नया 'मैं' नहीं बोल रहा है? प्रत्येक 'मैं' बिलकुल अलग है। आपके अंदर का एक 'मैं' एक पल आलोचना करता है; कुछ मिनटों के बाद दूसरा 'मैं' नम्रता से बात करता है। अपने अलग-अलग 'यह है' को देखें और उनके बारे में जानें, अपने अंदर की गहराई में जानें कि कुछ 'यह हैं, जो कभी आपकी सोच को नियंत्रित, निर्देशित या शासित नहीं करेंगे।'

उन 'यह है' को अच्छी तरह देख लें, जिनके साथ आप बातचीत कर रहे हैं। आप किस तरह के लोगों के साथ मिलते-जुलते हैं? मैं उन लोगों का जिक्र कर रहा हूँ, जो आपके मस्तिष्क में बसते हैं। याद रखें कि आपका मस्तिष्क एक शहर है; विचार, योजनाएँ, मत, भावनाएँ, संवेदनाएँ और मान्यताएँ वहाँ रहती हैं। आपके मस्तिष्क में कुछ स्थान मलिन बस्तियाँ और खतरनाक सड़कें हैं; हालाँकि ईश्वर (आपके रक्षक) आपके आदर्श, इच्छा और जीवन के उद्‌देश्य के रूप में हमेशा आपके मस्तिष्क की सड़कों पर चलते रहते हैं।

ईश्वर का एक अर्थ—आपकी इच्छा भी है; क्योंकि जब आपकी इच्छा पूरी हो जाती है तो आपकी रक्षक बन जाती है। जीवन में आपके उद्‌देश्य और लक्ष्य अब आपको बुला रहे हैं। उनकी ओर बढ़ें। अपनी इच्छा पर अपना ध्यान दें; दूसरे शब्दों में, उसमें एक जीवंत दिलचस्पी लें।

ईश्वर का एक अर्थ—आपकी इच्छा भी है; क्योंकि जब आपकी इच्छा पूरी हो जाती है तो आपकी रक्षक बन जाती है। जीवन में आपके उद्‌देश्य और लक्ष्य अब आपको बुला रहे हैं। उनकी ओर बढ़ें। अपनी इच्छा पर अपना ध्यान दें; दूसरे शब्दों में, उसमें एक जीवंत दिलचस्पी लें। अपने मस्तिष्क में प्रेम, शांति, आनंद और सद्‌भाव की सड़कों पर चलें। रास्ते में आपको अद्‌भुत लोग मिलेंगे। आपको अपने मस्तिष्क की बेहतर सड़कों पर खूबसूरती से प्रकाशित सड़कें और अद्‌भुत नागरिक मिलेंगे।

अपने घर को, जो आपका मस्तिष्क है, कभी भी नौकरों से भरे रहने

की अनुमति न दें, जो आपके नियंत्रण में नहीं हैं। जब आप छोटे थे तो आपको उन लोगों से दूर रहना सिखाया जाता था, जिन्हें आपकी माँ 'बुरी संगत' कहती थीं। अब जब आप अपनी आंतरिक शक्ति के प्रति जागरूक होने लगे हैं तो आपको विशेष रूप से ध्यान देना चाहिए कि आप अपने अंदर के गलत 'यह है' (विचारों) के साथ न जाएँ।

एक युवा व्यक्ति के साथ मेरी एक दिलचस्प बातचीत हुई थी, जो फ्रांस में मानसिक अनुशासन का अध्ययन कर रहा था। उसका काम, जैसा कि उसने बताया, समय-समय पर खुद की मानसिक तसवीरें लेना था। वह बैठ जाता था और अपनी भावनाओं, मनोदशाओं, विचारों, संवेदनाओं, प्रतिक्रियाओं और आवाज के टोन के बारे में सोचता था। फिर वह कहता, "ये सब ईश्वर की नहीं हैं; ये झूठी हैं। मैं ईश्वर के पास वापस जाऊँगा और उस मानक या सत्य की चट्टान से सोचूँगा।" उसने आंतरिक विभाजन की कला का अभ्यास किया। जब उसे क्रोध आता तो वह रुक जाता और कहता, "यह बोलने, सोचने और काररवाई करनेवाला अनंत या मेरा वास्तविक 'मैं' नहीं है; मेरे अंदर का झूठा 'मैं' है।"

एक युवा व्यक्ति के साथ मेरी एक दिलचस्प बातचीत हुई थी, जो फ्रांस में मानसिक अनुशासन का अध्ययन कर रहा था। उसका काम, जैसा कि उसने बताया, समय-समय पर खुद की मानसिक तसवीरें लेना था। वह बैठ जाता था और अपनी भावनाओं, मनोदशाओं, विचारों, संवेदनाओं, प्रतिक्रियाओं और आवाज के टोन के बारे में सोचता था।

इस युवक की तरह ईश्वर के पास लौटें। जब भी आप क्रोधित, आलोचनात्मक, निराश या चिड़चिड़े होने लगें तो ईश्वर और स्वर्ग के बारे में सोचें और स्वयं से पूछें, 'ईश्वर और स्वर्ग में कैसा है ?' वहीं पर एक नया इनसान बनने का जवाब है; इसी प्रकार आपका आध्यात्मिक

पुनर्जन्म होता है या आपको दूसरे जन्म का अनुभव होता है (दूसरा जन्म आंतरिक अनुशासन और आध्यात्मिक समझ है)।

हम सबके अंदर संत और पापी हैं; हत्यारा मनुष्य और पवित्र मनुष्य भी है। इसी प्रकार ईश्वर और सांसारिक बुद्धि भी है। हर व्यक्ति मूल रूप से और मौलिक रूप से अच्छा होना चाहता है, अच्छाई व्यक्त करना चाहता है और अच्छा करना चाहता है। यह आपके अंदर का 'सकारात्मक' है। यदि आपने विनाशकारी कार्य किए हैं, उदाहरण के लिए, यदि आपने चोरी की है, धोखाधड़ी की है, लोगों को धोखा दिया है, वे आपकी निंदा करते हैं और आपको बुरा समझते हैं तो आप अपने मस्तिष्क की मलिन बस्ती से उठकर अपनी खुद की चेतना में उस जगह पर जा सकते हैं, जहाँ आप खुद की निंदा करना छोड़ देते हैं। फिर आप पर आरोप लगानेवालों के मुँह बंद हो जाएँगे। जब आप खुद को दोष देना बंद कर देंगे तो दुनिया आप पर आरोप नहीं लगाएगी। यह आपकी अपनी चेतना की शक्ति है; यह आपके भीतर का ईश्वर है।

हम सबके अंदर संत और पापी हैं; हत्यारा मनुष्य और पवित्र मनुष्य भी है। इसी प्रकार ईश्वर और सांसारिक बुद्धि भी है। हर व्यक्ति मूल रूप से और मौलिक रूप से अच्छा होना चाहता है, अच्छाई व्यक्त करना चाहता है और अच्छा करना चाहता है। यह आपके अंदर का 'सकारात्मक' है।

अपनी निंदा करना मूर्खता ही है, आपको ऐसा कहना चाहिए। आत्माभियोग के विचारों के साथ रहना बेकार है। मान लीजिए, आपने अन्यायपूर्ण कृत्य, आपराधिक गतिविधियाँ या अन्य नीच कार्य किए हैं। वह आपके भीतर का ईश्वर नहीं था, जिसने वे काम किए। वह वास्तविक 'मैं' या अनंत नहीं, बल्कि आप में मौजूद अन्य 'स्व' (सांसारिक बुद्धि) था। बेशक ये तथ्य आपको आपकी जिम्मेदारी से मुक्त नहीं करेंगे, वैसे ही जैसे यदि आप अपना हाथ आग में डालते हैं तो जल जाते हैं, या यदि

आप लाल बत्ती से गुजरते हैं तो आपको ट्रैफिक नियम तोड़ने के लिए टिकट मिल जाता है।

दूसरा 'स्व' आपके भीतर के कई 'यह' को दरशाता है। उदाहरण के लिए, कई नकारात्मक विचार और विश्वास कि आपकी अपनी चेतना के बाहर शक्तियाँ हैं; यह विश्वास कि दूसरे आपको चोट पहुँचा सकते हैं; तत्त्व अमित्र हैं; साथ ही भय, अंधविश्वास और सभी प्रकार की अज्ञानता। अंत में पूर्वग्रह, डर और नफरत आपको उन कार्यों की ओर ले जाते हैं, जो आप अन्यथा नहीं करते। 'मैं' की भावना को बदलने का आदर्श तरीका है, आपके भीतर के वास्तविक 'मैं' के साथ वह सबकुछ जोड़ना, जो महान्, अद्भुत और ईश्वर जैसा है।

दूसरा 'स्व' आपके भीतर के कई 'यह' को दरशाता है। उदाहरण के लिए, कई नकारात्मक विचार और विश्वास कि आपकी अपनी चेतना के बाहर शक्तियाँ हैं; यह विश्वास कि दूसरे आपको चोट पहुँचा सकते हैं; तत्त्व अमित्र हैं; साथ ही भय, अंधविश्वास और सभी प्रकार की अज्ञानता।

दृढ़ता के साथ कहना शुरू करें, "मैं मजबूत हूँ। मैं उज्ज्वल हूँ। मैं खुश हूँ। मैं प्रेरित हूँ। मैं प्रकाशित हूँ। मैं प्रेमपूर्ण हूँ। मैं दयालु हूँ। मैं सामंजस्यपूर्ण हूँ।" इन मानसिक अवस्थाओं को सनक बनाएँ, इनकी पुष्टि करें और इनमें विश्वास करें। तब आप वास्तव में ईश्वर के बाग में रहना शुरू कर देंगे। जो कुछ भी आप 'मैं हूँ' के साथ जोड़ देते हैं और उसमें विश्वास करते हैं, आप बन जाते हैं। आप में जो 'मैं हूँ' है, वह ईश्वर है, और कोई नहीं है। 'मैं हूँ' या जीवन, जागरूकता, शुद्ध अस्तित्व या आपका वास्तविक 'स्व' ईश्वर है। वह एकमात्र कारण है। वह दुनिया में शक्ति बनानेवाला एकमात्र अस्तित्व है। उसका आदर करें; 'मैं यीशु हूँ' की भावना के साथ पूरे दिन रहें। यीशु का मतलब है, वह, जो अभिषिक्त है, जाग्रत् है, प्रकाशित है। महसूस करें कि आप वही अभिषिक्त जीव हैं।

उस मानसिक वातावरण में रहना जारी रखें। तब आप अपने भीतर के यीशु (ईश्वर की बुद्धि, शक्ति और ज्ञान) को बाहर लेकर आएँगे और आपके मस्तिष्क में चमक रही आंतरिक रोशनी से आपकी संपूर्ण दुनिया बदल जाएगी। हर बार जब आप महसूस करते हैं कि 'मैं यीशु हूँ', 'मैं प्रकाशित हूँ', 'मैं प्रेरित हूँ', आप प्रार्थना करते हैं और अपनी चेतना की उस चीज के साथ अर्हता करते हैं, जिसके लिए आप प्रार्थना कर रहे हैं और उन विचारों के साथ भी, जो आप सोच रहे हैं।

जब आप ऊपर बताए गए तरीके से 'मैं' की भावना को बदलते रहेंगे तो आप अपने मस्तिष्क के स्वर्ग को ईश्वर की अनंत विशेषताओं के साथ आबाद कर लेंगे। "डरो नहीं, क्योंकि मैं तुम्हारे साथ हूँ; और नदियों के बीच से भी तुम उनमें डूबोगे नहीं—जब तुम आग से गुजरोगे, तुम जलोगे नहीं।" वह 'एक' कौन है ?

जब आप ऊपर बताए गए तरीके से 'मैं' की भावना को बदलते रहेंगे तो आप अपने मस्तिष्क के स्वर्ग को ईश्वर की अनंत विशेषताओं के साथ आबाद कर लेंगे। "डरो नहीं, क्योंकि मैं तुम्हारे साथ हूँ; और नदियों के बीच से भी तुम उनमें डूबोगे नहीं—जब तुम आग से गुजरोगे, तुम जलोगे नहीं।" वह 'एक' कौन है ? यह तुम्हारा अपना 'मैं हूँ' (I AMNESS) है। यह तुम्हारे भीतर का प्रकाश या जागरूकता है, जो हमेशा तुम्हारे आगे जाती है, चाहे तुम कहीं भी जाओ। आपका प्रमुख मानसिक रवैया या वातावरण हमेशा आपसे आगे जा रहा है, उन अनुभवों की रचना करते हुए, जिनका आप सामना करेंगे।

ध्यान में रखें कि जब आप किसी विशेष चीज के बारे में प्रार्थना करते हैं तो यह आवश्यक है कि आप उस चीज के अपने पास होने या वह चीज खुद होने की चेतना या भावना के साथ आपके मन में अर्हता प्राप्त करे। आप मानसिक रूप से अपने दिमाग में इसके खिलाफ तर्कों

को पूरी तरह से अस्वीकार करते हैं; यही प्रार्थना है। दिलचस्पी के साथ उस चीज के बारे में सोचकर अपनी चेतना की उस चीज के साथ अर्हता प्राप्त करें, जिसके लिए आप प्रार्थना कर रहे हैं। इसे चुपचाप और नियमित रूप से करें, जब तक आपकी चेतना में एक दृढ़ विश्वास नहीं आ जाता। जब आप ऐसा करेंगे तो समस्या आपको परेशान नहीं करेगी। आप अपना मानसिक संतुलन बनाए रखेंगे, साथ ही यह भावना भी कि 'मैं अब महसूस कर रहा हूँ कि मैं वह हूँ, जो मैं होना चाहता हूँ'; और जब आप ऐसा महसूस करते रहेंगे तो आप वह बन जाएँगे।

"मैं वह हूँ, जो मैं महसूस करता हूँ कि मैं हूँ।" प्रतिदिन 'मैं' की भावना को बदलने का अभ्यास करें, यह कहते हुए कि "मैं आत्मा हूँ; मैं सोचता हूँ, देखता हूँ, महसूस करता हूँ और आत्मा-ईश्वर की उपस्थिति के रूप में रहता हूँ। (आपके भीतर का दूसरा 'स्व' भी वैसे ही सोचता है, महसूस करता है और कार्य करता है, जैसे चंचल मन करता है)।"

नियम यह है—"मैं वह हूँ, जो मैं महसूस करता हूँ कि मैं हूँ।" प्रतिदिन 'मैं' की भावना को बदलने का अभ्यास करें, यह कहते हुए कि "मैं आत्मा हूँ; मैं सोचता हूँ, देखता हूँ, महसूस करता हूँ और आत्मा-ईश्वर की उपस्थिति के रूप में रहता हूँ। (आपके भीतर का दूसरा 'स्व' भी वैसे ही सोचता है, महसूस करता है और कार्य करता है, जैसे चंचल मन करता है)।" ऐसा करते-करते आप महसूस करना शुरू कर देंगे कि आप ईश्वर के साथ एक हैं। जैसे आकाश में सूर्य पृथ्वी को अँधेरे और निराशा से मुक्त करता है, वैसे ही आपको अपने में ईश्वर की उपस्थिति का एहसास उस व्यक्ति को प्रकट कर देगा, जो आप हमेशा से होना चाहते थे—एक आनंदित, उज्ज्वल, शांतिपूर्ण, समृद्ध और सफल व्यक्ति, जिसकी बुद्धि ऊपर से आ रही रोशनी से प्रकाशित है।

ईश्वर सभी मनुष्यों पर हर जगह सूरज की रोशनी प्रदान करता है।

कोई व्यक्ति आपसे ईश्वर के प्रेम की धूप नहीं छीन सकता। कोई भी आपको भय या अज्ञानता की जेल में नहीं रख सकता, जब आप ईश्वर के सत्य को जानते हैं, जो आपको मुक्त करता है।

यह भावना कि आपके भीतर का 'मैं हूँ' ईश्वर है, आपको बताती है कि डरने की कोई बात नहीं है और आप सर्वशक्ति, सर्वज्ञता और सर्वव्यापी के साथ एक हैं। कोई भी आपसे आपका स्वास्थ्य, शांति, खुशी या खुशहाली नहीं छीन सकता। अब आप भय, संदेह और अंधविश्वास के अनेक 'यह है' के साथ नहीं रहते हैं। अब आप दिव्य उपस्थिति और आजादी की चेतना में रहते हैं।

अपने आप से पूछिए, "वह कौन है, जो हर क्षण मुझे अपने संरक्षण में लेता है, उसके नाम से बोलता है और स्वयं को 'मैं' कहता है? इस दूसरे व्यक्ति (भय, पूर्वग्रह, घमंड, अहंकार, निंदा आदि) से कभी पहचान स्थापित न करें।

अब आप समझ चुके हैं कि आपको नकारात्मक 'यह है' की दिशा में जाने की आवश्यकता नहीं है। आप फिर कभी किसी बेकार या नकारात्मक विचार के लिए 'हाँ' नहीं कहेंगे; न ही आप इसे अपनी स्वीकृति देंगे।

अपनी आँखें ईश्वर—वास्तविक 'मैं'—आपके अंदर के अनंत पर स्थिर रखकर पर्यवेक्षक बनें। अवलोकन पक्ष पर 'मैं' की भावना महसूस करें, आप जो देख रहे हैं, उसमें नहीं। महसूस करें कि आप ईश्वर की आँखों से देख रहे हैं; इसलिए "तुम्हारी आँखें बुराई देखने के लिए बहुत शुद्ध हैं और तुम अधर्म को नहीं देख सकते।"

□

9

आप जो चाहते हैं, उसे कैसे प्राप्त कर सकते हैं?

विफलता के प्रमुख कारण हैं—आत्मविश्वास की कमी और बहुत अधिक प्रयास। बहुत से लोग अपने अवचेतन मन की कार्यप्रणाली को पूरी तरह से समझने में नाकाम रहकर अपनी प्रार्थनाओं के जवाब को अवरुद्ध कर देते हैं। जब आप जान लेते हैं कि आपका मस्तिष्क कैसे काम करता है तो आप थोड़ा और आत्मविश्वास प्राप्त कर लेते हैं। जब भी आपका अवचेतन मन किसी विचार को स्वीकार करता है, आपको उसे याद रखना चाहिए; यह तुरंत उसे निष्पादित करना शुरू कर देता है। यह अपने सभी शक्तिशाली संसाधनों का उस उद्‍देश्य के लिए उपयोग करता है और आपके गहरे मस्तिष्क के सभी मानसिक और आध्यात्मिक कानूनों को संगठित करता है। यह कानून अच्छे या बुरे विचारों के लिए सच होता है। परिणामस्वरूप, यदि आप इसका उपयोग नकारात्मक रूप से करते हैं तो यह परेशानी, विफलता और भ्रम लाता है। जब आप इसका रचनात्मक रूप से उपयोग करते हैं तो यह मार्गदर्शन स्वतंत्रता और मन की शांति लाता है।

जब आपके विचार सकारात्मक, रचनात्मक और प्रेमपूर्ण होंगे, तब सही उत्तर अपरिहार्य होगा। इससे यह पूरी तरह से स्पष्ट होता है कि विफलता को दूर करने के लिए आपको केवल एक काम करना है—आपको अपने अवचेतन मन को आपके विचार को स्वीकार करने

या अभी इसकी वास्तविकता महसूस करने के लिए अनुरोध करना है और शेष काम आपके मस्तिष्क का कानून कर देगा। विश्वास और आत्मविश्वास के साथ अपना अनुरोध सौंप दें और आपका अवचेतन उसकी जिम्मेदारी ले लेगा तथा आपके लिए जवाब देगा।

मानसिक दबाव का उपयोग करने के प्रयास में आप हमेशा परिणाम प्राप्त करने में असफल रहेंगे—आपका अवचेतन मन जबरदस्ती का जवाब नहीं देता है, यह आपके विश्वास या सचेतन मन की स्वीकृति का जवाब देता है।

परिणाम प्राप्त करने में आपकी विफलता इस तरह के बयानों से भी उत्पन्न हो सकती है : 'चीजें बदतर हो रही हैं।' 'मुझे कभी जवाब नहीं मिलेगा।' 'मुझे कोई रास्ता नजर नहीं आ रहा है।' 'मुझे कोई उम्मीद नहीं है।' 'मुझे समझ में नहीं आ रहा है क्या करूँ।' 'मैं उलझ गया हूँ।'

परिणाम प्राप्त करने में आपकी विफलता इस तरह के बयानों से भी उत्पन्न हो सकती है : 'चीजें बदतर हो रही हैं।' 'मुझे कभी जवाब नहीं मिलेगा।' 'मुझे कोई रास्ता नजर नहीं आ रहा है।' 'मुझे कोई उम्मीद नहीं है।' 'मुझे समझ में नहीं आ रहा है क्या करूँ।' 'मैं उलझ गया हूँ।' जब आप इस तरह के वाक्यों का प्रयोग करते हैं तो आपको अपने अवचेतन मन से कोई प्रतिक्रिया या सहयोग नहीं मिलता है। समय अंकित कर रहे सैनिक की तरह, आप न तो आगे बढ़ते हैं और न पीछे जाते हैं; दूसरे शब्दों में, आप कहीं भी नहीं पहुँचते।

यदि आप एक टैक्सी में बैठते हैं और पाँच मिनट में चालक को आधा दर्जन अलग-अलग दिशा-निर्देश देते हैं, तो वह निराशाजनक रूप से भ्रमित हो जाएगा और शायद आपको कहीं भी ले जाने से इनकार कर देगा। आपके अवचेतन मन के साथ काम करते समय भी ऐसा ही होता है। आपके मस्तिष्क में एक स्पष्ट विचार होना चाहिए। आपको निश्चित निर्णय

पर पहुँच जाना चाहिए कि एक रास्ता है, बीमारी में परेशानी की समस्या का समाधान है। केवल आपके अवचेतन मन के भीतर अनंत बुद्धि ही जवाब जानती है। जब आप अपने सचेतन मन में उस स्पष्ट निष्कर्ष पर पहुँचते हैं, तब आपका मानस बन जाता है और आपके विश्वास के मुताबिक वह कार्य आपके लिए किया जाता है।

काम आराम से करने पर हो जाता है

एक बार एक घर के मालिक ने बॉयलर को ठीक करने के लिए दो सौ डॉलर लेने पर एक भट्ठी मिस्त्री को उलाहना दिया। मिस्त्री ने कहा, "मैंने खोए हुए बोल्ट के लिए पाँच सेंट लिये हैं और एक सौ निन्यानबे डॉलर और पिचानबे सेंट यह जानने के लिए कि गड़बड़ी क्या थी।"

एक बार एक घर के मालिक ने बॉयलर को ठीक करने के लिए दो सौ डॉलर लेने पर एक भट्ठी मिस्त्री को उलाहना दिया। मिस्त्री ने कहा, "मैंने खोए हुए बोल्ट के लिए पाँच सेंट लिये हैं और एक सौ निन्यानबे डॉलर और पिचानबे सेंट यह जानने के लिए कि गड़बड़ी क्या थी।"

इसी प्रकार, आपका अवचेतन मन उस्ताद मिस्त्री है, हर प्रकार से बुद्धिमान, जो आपके शरीर के किसी भी अंग को ठीक करने के तरीकों और साधनों के साथ-साथ आपके मामलों को भी जानता है। स्वास्थ्य को आज्ञा दें, आपका अवचेतन मन उसे स्थापित कर देगा, लेकिन कुंजी विश्राम है। "आराम से करने पर काम हो जाता है।" विवरणों और साधनों की चिंता न करें, लेकिन अंतिम परिणाम आपको पता होना चाहिए। अपनी समस्या के सुखद समाधान को महसूस करें, चाहे वह स्वास्थ्य हो, वित्त हो या रोजगार हो। याद रखें कि बीमारी की गंभीर स्थिति से ठीक होने के बाद आपको कैसा लगा था। ध्यान रखें कि आपकी भावना हर प्रकार के अवचेतन प्रदर्शन की कसौटी है।

आपका नया विचार एक पूर्ण स्थिति में महसूस किया जाना चाहिए, भविष्य में नहीं, बल्कि वर्तमान में आते हुए।

किसी प्रतिद्वंद्वी से तर्क न करें, कल्पना का प्रयोग करें, इच्छाशक्ति का नहीं

अपने अवचेतन मन का उपयोग करने में आप किसी प्रतिद्वंद्वी से तर्क नहीं करते हैं, आप इच्छाशक्ति का उपयोग नहीं करते हैं। आप अंत और स्वतंत्रता की स्थिति की कल्पना करते हैं। आपकी बुद्धि आपके रास्ते में आने की कोशिश करेगी, लेकिन आप एक सरल, बालक-समान, चमत्कार करनेवाले विश्वास को दृढ़ता से बनाए रखें।

अपने अवचेतन मन का उपयोग करने में आप किसी प्रतिद्वंद्वी से तर्क नहीं करते हैं, आप इच्छाशक्ति का उपयोग नहीं करते हैं। आप अंत और स्वतंत्रता की स्थिति की कल्पना करते हैं। आपकी बुद्धि आपके रास्ते में आने की कोशिश करेगी, लेकिन आप एक सरल, बालक-समान, चमत्कार करनेवाले विश्वास को दृढ़ता से बनाए रखें। स्वयं को बीमारी या समस्या के बिना चित्रित करें। आप जो स्वतंत्रता की स्थिति चाहते हैं, उसकी भावनात्मक संगत की कल्पना करें। इस प्रक्रिया से सभी लाल फीते काट लें। सरल तरीका सबसे अच्छा होता है।

अनुशासित कल्पना कैसे चमत्कार करती है

अपने अवचेतन मन से प्रतिक्रिया प्राप्त करने का एक शानदार तरीका अनुशासित या वैज्ञानिक कल्पना के माध्यम से है। जैसाकि पहले बताया गया था, आपका अवचेतन मन शरीर का निर्माता है और अपने सभी महत्त्वपूर्ण कार्यों को नियंत्रित करता है।

बाइबल कहती है, जो भी आप प्रार्थना में पूछेंगे, विश्वास करते हुए, वह आपको प्राप्त होगा। विश्वास करने का अर्थ है—किसी चीज को सच के रूप में स्वीकार करना या उसके होने की स्थिति में रहना। जब आप इस मनोदशा को बनाए रखेंगे, आपको प्रार्थना के जवाब का आनंद अनुभव होगा।

प्रार्थना में सफलता के लिए तीन कदम

सामान्य प्रक्रिया निम्नानुसार है—

1. समस्या पर एक नजर डालें।
2. समाधान या उपाय की ओर मुड़ें, जो केवल अवचेतन मन को ज्ञात है।
3. इस गहरे विश्वास की भावना में आराम करें कि काम हो गया है।

यह कहकर अपनी प्रार्थना कमजोर न करें कि 'काश मैं ठीक हो जाऊँ' या 'मुझे उम्मीद है, मैं ठीक हो जाऊँगा।' किए जानेवाले काम के बारे में आपकी भावना 'मालिक' (बॉस) है। सद्भाव आपका है। ये जान लें कि स्वास्थ्य आपका है। अवचेतन मन की अनंत चिकित्सा शक्ति के लिए वाहन बनकर बुद्धिमान बनें।

यह कहकर अपनी प्रार्थना कमजोर न करें कि 'काश मैं ठीक हो जाऊँ' या 'मुझे उम्मीद है, मैं ठीक हो जाऊँगा।' किए जानेवाले काम के बारे में आपकी भावना 'मालिक' (बॉस) है। सद्भाव आपका है। ये जान लें कि स्वास्थ्य आपका है। अवचेतन मन की अनंत चिकित्सा शक्ति के लिए वाहन बनकर बुद्धिमान बनें। दृढ़ विश्वास की सीमा तक अपने अवचेतन मन को स्वास्थ्य का विचार दें; फिर आराम करें। स्वयं को अपनी चिंता से दूर करें। स्थिति और परिस्थिति से कहें, 'यह भी बीत जाएगा।' विश्राम के माध्यम से आप

अपने अवचेतन मन को प्रभावित करते हैं और इस प्रकार विचार के पीछे की गतिशील ऊर्जा को आगे बढ़कर उसे ठोस प्राप्ति में लाने में सक्षम करते हैं।

उलटे प्रयास का कानून (लॉ ऑफ रिवर्स्ड एफर्ट) और आप जो प्रार्थना करते हैं, उसके विपरीत क्यों प्राप्त करते हैं ?

> ***यदि आपको फर्श पर रखे एक लकड़ी के तख्ते पर चलने के लिए कहा जाएगा, तो आप बिना सवाल किए ऐसा कर लेंगे। अब मान लीजिए कि उसी तख्ते को दो दीवारों के बीच फीट ऊपर हवा में रखा जाए, तब भी क्या आप उस पर चलेंगे ? उस पर चलने की आपकी इच्छा आपकी कल्पना या गिरने के डर से प्रभावहीन हो जाएगी।***

फ्रांस के मशहूर मनोविज्ञानी क्यू ने, जो 40 वर्ष पहले अमेरिका की यात्रा पर आए थे, उलट प्रयासों के कानून को इस प्रकार परिभाषित किया—"जब आपकी इच्छाएँ और कल्पना विवाद में होती हैं, तो आपकी कल्पना अनिवार्य रूप से विजय प्राप्त करती है।"

उदाहरण के लिए, यदि आपको फर्श पर रखे एक लकड़ी के तख्ते पर चलने के लिए कहा जाएगा, तो आप बिना सवाल किए ऐसा कर लेंगे। अब मान लीजिए कि उसी तख्ते को दो दीवारों के बीच फीट ऊपर हवा में रखा जाए, तब भी क्या आप उस पर चलेंगे ? उस पर चलने की आपकी इच्छा आपकी कल्पना या गिरने के डर से प्रभावहीन हो जाएगी। आपका प्रमुख विचार, जो आपके गिरने की तसवीर होगी, जीत जाएगा। तख्ते पर चलने की आपकी इच्छा, मरजी या प्रयास उलट जाएगा और विफलता का प्रमुख विचार मजबूत हो जाएगा।

मानसिक प्रयास अनिवार्य रूप से आत्म-पराजित होता है, जिसका परिणाम हमेशा वांछित के विपरीत होता है। इस स्थिति को दूर करने

के लिए शक्तिहीनता के सुझाव मस्तिष्क पर हावी हो जाते हैं; आपका अवचेतन मन हमेशा प्रमुख विचार से नियंत्रित होता है। आपका अवचेतन मन दो विरोधाभासी प्रस्तावों में से अधिक मजबूत को स्वीकार करेगा। आसान तरीका बेहतर होता है।

यदि आप कहते हैं, 'मैं एक उपचार चाहता हूँ, लेकिन मुझे नहीं मिल रहा है;' 'मैं इतनी मेहनत करता हूँ;' 'मैं खुद को प्रार्थना करने के लिए मजबूर करता हूँ,' 'मैं अपनी संपूर्ण इच्छाशक्ति का उपयोग करता हूँ;' तो आपको यह समझना होगा कि आपकी त्रुटि आपके प्रयास में निहित है। इच्छाशक्ति का उपयोग करके अपने विचार को स्वीकार करने के लिए अवचेतन मन को कभी भी मजबूर करने की कोशिश न करें। इस तरह के प्रयासों का विफल होना निश्चित है और आप जो प्रार्थना करते हैं, उसके विपरीत फल पाते हैं।

यदि आप कहते हैं, 'मैं एक उपचार चाहता हूँ, लेकिन मुझे नहीं मिल रहा है;' 'मैं इतनी मेहनत करता हूँ;' 'मैं खुद को प्रार्थना करने के लिए मजबूर करता हूँ,' 'मैं अपनी संपूर्ण इच्छाशक्ति का उपयोग करता हूँ;' तो आपको यह समझना होगा कि आपकी त्रुटि आपके प्रयास में निहित है।

निम्नलिखित एक आम अनुभव है। छात्र परीक्षा के दौरान अपने प्रश्न-पत्र पढ़ते समय पाते हैं कि उनके पूरे ज्ञान ने अचानक उनका साथ छोड़ दिया है। उनके मस्तिष्क में भयानक रिक्त स्थान बन जाते हैं और वे एक भी प्रासंगिक विचार को याद करने में असमर्थ होते हैं। जितना अधिक वे अपने दाँत पीसते हैं और इच्छा की शक्तियों को बुलाते हैं, जवाब उतने ही दूर भागते प्रतीत होते हैं, लेकिन जब वे परीक्षा कक्ष से बाहर निकलते हैं और उनका मानसिक दबाव कम हो जाता है, तो वे सारे जवाब, जो वे चाहते थे, उन्हें ललचाते हुए उनके मस्तिष्क में वापस आ जाते हैं। खुद को याद रखने के लिए मजबूर करने

की कोशिश उनकी विफलता का कारण था। यह उलटे प्रयास के कानून का एक उदाहरण है, जहाँ आपने जो माँगा था या जिसके लिए प्रार्थना की थी, आपको उसके विपरीत मिलता है।

इच्छा और कल्पना का संघर्ष सुलझाया जाना चाहिए

मानसिक बल का उपयोग करने का अर्थ यह मान लेना है कि विरोध मौजूद है। जब आपका मस्तिष्क किसी समस्या से निपटने के साधनों पर केंद्रित होता है, तो उसे बाधा की चिंता नहीं होती। मैट. 18:19 कहता है, "यदि आप दोनों पृथ्वी पर किसी भी चीज को छूने के लिए सहमत होंगे तो यह आपके लिए मेरे पिता द्वारा किया जाएगा, जो स्वर्ग में है।" ये दोनों कौन हैं? इसका मतलब किसी भी विचार, इच्छा या मानसिक छवि पर आपके सचेतन और अवचेतन मन के बीच सुसंगत मेल या समझौता है। जब आपके मस्तिष्क के किसी भी हिस्से में कोई विवाद नहीं रह जाएगा, तब आपकी प्रार्थना का उत्तर दिया जाएगा। ये दो जो सहमत हैं, इनका प्रतिनिधित्व आपके और आपकी इच्छा के रूप में, आपके विचार और भावना के रूप में, आपकी इच्छा और कल्पना के रूप में भी किया जा सकता है।

आप अपनी इच्छाओं और कल्पनाओं के बीच के संघर्ष से एक सुस्त, निद्रालु स्थिति में प्रवेश करके बचते हैं, जो सभी प्रयासों को न्यूनतम पर ले आती है। एक नींद की स्थिति में सचेतन मन काफी हद तक डूब जाता है। अपने अवचेतन मन को अपनाने का सबसे अच्छा समय सोने से पहले का होता है।

आप अपनी इच्छाओं और कल्पनाओं के बीच के संघर्ष से एक सुस्त, निद्रालु स्थिति में प्रवेश करके बचते हैं, जो सभी प्रयासों को न्यूनतम पर ले आती है। एक नींद की स्थिति में सचेतन मन काफी हद तक डूब जाता है। अपने अवचेतन मन को अपनाने का सबसे अच्छा समय सोने से पहले का होता है। इसका कारण यह है कि अवचेतन के उद्गमन की उच्चतम डिग्री सोने से पहले और जागने के तुरंत बाद होती है। इस स्थिति में नकारात्मक विचार और कल्पनाएँ, जो आपकी इच्छा को बेअसर करते हैं और इस प्रकार आपके

अवचेतन मन द्वारा स्वीकृति को रोकते हैं, स्वयं को प्रस्तुत नहीं करते हैं। जब आप पूर्ण इच्छा की वास्तविकता की कल्पना करते हैं और उपलब्धि के रोमांच को महसूस करते हैं, तब आपका अवचेतन मन आपकी इच्छा की पूर्ति को लेकर आता है।

बहुत से लोग अपनी सभी दुविधाओं और समस्याओं को अपने नियंत्रित, निर्देशित और अनुशासित कल्पना के खेल से सुलझा लेते हैं, यह जानकर कि कोई भी चीज, जिसकी वे कल्पना करते हैं और सच के रूप में महसूस करते हैं, वह निश्चित रूप से पूरी होगी और उसे पूरा होना ही होगा। निम्नलिखित वृत्तांत स्पष्ट रूप से बताएगा कि एक युवा लड़की ने अपनी इच्छा और कल्पना के बीच के संघर्ष पर कैसे विजय प्राप्त की। वह अपनी कानूनी समस्या के लिए एक सामंजस्यपूर्ण समाधान चाहती थी, फिर भी उसकी मानसिक कल्पना लगातार विफलता, हानि, दिवालियापन और गरीबी पर केंद्रित थी। वह एक जटिल मुकदमा था, जिसकी तारीखों में एक के बाद एक स्थगन होता जा रहा था और कहीं कोई समाधान नजर नहीं आ रहा था।

मेरे सुझाव पर वह हर रात सोने से पहले एक सुस्त, निद्रालु स्थिति में प्रवेश करने लगी और एक सुखद अंत की कल्पना करते हुए उसे अपनी पूरी क्षमता तक महसूस करने लगी। वह जानती थी कि उसके दिमाग में मौजूद छवि को उसके दिल की इच्छा से सहमत होना होगा। सोने से पहले उसने जितना संभव था, उतने स्पष्ट रूप से परिणाम को लेकर अपने वकील के साथ चर्चा का नाटक करना शुरू कर दिया। वह उससे सवाल पूछती, और वह उसे उचित जवाब देता। वह उसे बार-बार कहता था, "हमें एक आदर्श, सामंजस्यपूर्ण समाधान मिल

मेरे सुझाव पर वह हर रात सोने से पहले एक सुस्त, निद्रालु स्थिति में प्रवेश करने लगी और एक सुखद अंत की कल्पना करते हुए उसे अपनी पूरी क्षमता तक महसूस करने लगी। वह जानती थी कि उसके दिमाग में मौजूद छवि को उसके दिल की इच्छा से सहमत होना होगा।

गया है। मामला अदालत से बाहर निपटा दिया गया है।" दिन के समय जब उसके मन में डरावने विचार आते थे तो वह इशारों, आवाज और ध्वनि उपकरण के साथ अपनी मानसिक फिल्म को चलाती थी। वह आसानी से उसकी आवाज, मुसकराहट और हाव-भाव की कल्पना कर सकती थी। उसने इस मानसिक तसवीर को इतनी बार चलाया कि वह एक व्यक्तिपरक पैटर्न, एक नियमित ट्रेन ट्रैक बन गई। कुछ हफ्तों के बाद उसके वकील ने उसे बुलाया और निष्पक्ष रूप से उसकी पुष्टि की, जिसकी वह कल्पना कर रही थी और जिसे वह व्यक्तिपरक रूप से सच महसूस कर रही थी।

दिन के समय जब उसके मन में डरावने विचार आते थे तो वह इशारों, आवाज और ध्वनि उपकरण के साथ अपनी मानसिक फिल्म को चलाती थी। वह आसानी से उसकी आवाज, मुसकराहट और हाव-भाव की कल्पना कर सकती थी।

स्तोत्रवादी का वास्तव में यही मतलब था, जब उसने लिखा था—

मेरे मुँह के शब्दों (आपके विचार, मानसिक छवियाँ, अच्छा) और मेरे हृदय के ध्यान को (आपकी अनुभूति, प्रकृति, भावना) आपकी दृष्टि में स्वीकार्य होने दें—हे भगवान् [आपके अवचेतन मन का नियम], मेरी ताकत, और मेरे उद्धारक (आपके अवचेतन मन की शक्ति और ज्ञान बीमारी, बंधन और दुःख से आपका उद्धार कर सकते हैं।) स्तोत्र 19:14।

याद करने योग्य विचार

1. मानसिक दबाव या बहुत अधिक प्रयास चिंता और डर दिखाता है, जो आपके जवाब को ब्लॉक करता है। आराम से करने पर काम बेहतर होता है।
2. जब आपका मस्तिष्क शांत होता है और आप एक विचार स्वीकार

करते हैं, तब आपका अवचेतन मन उस विचार को निष्पादित करने के लिए चला जाता है।

3. परंपरागत तरीकों के बारे में स्वतंत्र रूप से सोचें और योजना बनाएँ। जानें कि प्रत्येक समस्या का एक उत्तर और समाधान होता है।

4. अपने दिल की धड़कनों से, फेफड़ों के साँस लेने से या शरीर के किसी भी अंग के काम करने को लेकर अत्यधिक चिंतित न हों। अपने अवचेतन मन पर अधिक भरोसा करें और अकसर यह घोषणा करते रहें कि दैवीय काररवाई सही तरीके से चल रही है।

5. स्वास्थ्य की भावना स्वास्थ्य पैदा करती है; धन की भावना धन पैदा करती है। आपको कैसा महसूस होता है ?

6. कल्पना आपका सबसे शक्तिशाली संकाय है। उसकी कल्पना करें, जो सुंदर है और जिसके बारे में अच्छा कहा जाता है। आप वही हैं, जो होने की आप कल्पना करते हैं।

7. आप अपने सचेतन और अवचेतन मन के बीच के संघर्ष से निद्रा की स्थिति में बच सकते हैं। सोने से पहले बार-बार कल्पना करें कि आपकी इच्छा की पूर्ति हो गई है। शांति से सो जाएँ और खुशी के साथ जागें।

—जोसेफ मर्फी

□

10

लक्ष्य-निर्धारण युक्तियाँ

(यह आपके अस्पष्ट सपने को ठोस वास्तविकता में बदल देगी)

1

सबसे महत्त्वपूर्ण नियम है—आपके लक्ष्यों को लिखना, जिनका पालन आपको करना होगा, यदि आप सफलता प्राप्त करना चाहते हैं।

हममें से अधिकतर पहले ही जानते हैं कि अपने लक्ष्यों को लिखना बेहद महत्त्वपूर्ण है।

लेखन का सरल यांत्रिक कार्य आपके लक्ष्य को दृश्यमान और मूर्त बनाता है। अब वह केवल एक विचार नहीं रह जाता! अब वह एक प्रतिबद्धता है।

लेकिन एक नियम है, जिसका पालन आपको सफल होने के लिए अवश्य करना चाहिए और उसे बहुत कम लोग जानते हैं :

अपने लक्ष्य को लिख लेना ही पर्याप्त नहीं है। आपको विस्तारपूर्वक उसका वर्णन करना होगा!

उसे यथासंभव विशिष्ट बनाएँ। निम्नलिखित की तुलना करें—

'मैं एक नया घर' बनाम	'मैं एक नए, दो मंजिला भव्य विक्टोरियन शैली का घर' खरीदना चाहता हूँ, में रहना चाहता हूँ, जिसमें पाँच विशाल शयनकक्ष, फायर प्लेस और लकड़ी के फर्श के साथ एक शानदार बैठक होगी।

मैं स्विमिंग पूल, आँगन और बगीचे के साथ पिछवाड़े के अपने विशाल आँगन का आनंद लूँगा।'

क्या आपको फर्क महसूस हुआ?

'मैं बहुत सारे पैसे कमाना चाहता हूँ' लक्ष्य नहीं है। यह केवल एक इच्छा है।

'मैं अपने प्रकाशन व्यवसाय से हर महीने $50,000 कमाना चाहता हूँ।' यह एक लक्ष्य है।

! संपूर्ण विवरण के साथ अपना लक्ष्य लिखने के बाद उसे दृश्यमान बनाना न भूलें।

* आप उसे एक पीले कागज पर लिखकर अपने कंप्यूटर पर चिपका सकते हैं।
* या इससे भी बेहतर, उसे इस प्रकार प्रिंट कर लें, ताकि वह 4 × 6 के पिक्चर फ्रेम में फिट हो जाए और उसे फ्रेम करके अपने डेस्कटॉप पर रख लें।
* आप उसे अपने बिजनेस कार्ड पर प्रिंट करवाकर अपने बटुए में भी रख सकते हैं।

अपने आप को छोटे-छोटे स्मरण-पत्रों से घिरा रखने का प्रयास करें। इससे आपको अपने लक्ष्य पर ध्यान केंद्रित रखने में और जो आप चाहते हैं, उसकी स्पष्ट छवि बनाने में मदद मिलेगी।

#2

वह एक प्रश्न, जिसका उत्तर आपको कार्य शुरू करने से पहले देना चाहिए।

आप अपने लक्ष्य को प्राप्त करना शुरू करें, उससे पहले आपको एक प्रश्न का उत्तर अवश्य देना चाहिए। इस प्रश्न का उत्तर दे पाने में विफलता का परिणाम होगा—प्रेरणा का अभाव और योजना का पालन करने में विफलता।

एक कागज लें और इस प्रश्न का उत्तर लिखित में दें—

'आप अपना लक्ष्य क्यों प्राप्त करना चाहते हैं ?

'नहीं, केवल इसलिए नहीं, क्योंकि 'आप चाहते हैं।' आपके सपनों के पीछे कारण होते हैं, आमतौर पर दर्जनों कारण। और यदि आप जान जाते हैं कि आप अपना लक्ष्य क्यों प्राप्त करना चाहते हैं, तो पूरी संभावना है कि आप अपनी योजना का पीछा अंत तक करेंगे।

उदाहरण के लिए, 'आप 2 महीने में 50 पौंड वजन क्यों कम करना चाहेंगे ?'

* खुद के बारे में अच्छा महसूस करने के लिए;
* अच्छा दिखने के लिए;
* अपनी पसंदीदा पोशाक में फिट होने के लिए;
* अपने पति/पत्नी को प्रभावित करने के लिए।

प्रत्येक कारण को सूचीबद्ध करें। सभी लाभों की कल्पना करने की कोशिश करें।

सच यह है कि सूची जितनी लंबी होगी, आपकी प्रेरणा उतनी ही मजबूत होगी।

! सुबह सबसे पहले अपने ये कारण पढ़ें। इससे भी अच्छा, इन्हें फ्रेम करके दीवार पर लटका दें। ये आपको केंद्रित और प्रेरित बनाए रखेंगे।

#3

अपने लक्ष्यों पर काम करना शुरू करने के लिए खुद को कैसे चालित करें और लक्ष्य पूरा होने तक ट्रैक पर कैसे बने रहें।

मैंने यह सैकड़ों बार सुना है—

- बड़ी सोच रखो!
- बड़े सपने देखो!
- अपना लक्ष्य उतना बड़ा बनाओ, जितनी तुम कल्पना कर सकते हो!

तो ठीक है, मैंने अपना बड़ा, लगभग पहुँच के बाहर लक्ष्य लिख

लिया है। आखिरकार, मैं खुद को कम नहीं समझना चाहता हूँ। मुझे पता है कि मैं यह कर सकता हूँ, लेकिन अकसर काम पर पूरा दिन बिताने के बाद मैं अपने बड़े लक्ष्य पर काम शुरू करने के लिए इतना थका हुआ होता हूँ, मेरे पास बड़े लक्ष्य पर काम शुरू करने के लिए पर्याप्त ऊर्जा नहीं होती। इसलिए मैं रात का खाना बनाता हूँ, थोड़ी देर टी.वी. देखता हूँ और सोचता हूँ 'मैं यह काम कल कर लूँगा।'

हर शाम मैं अपने लक्ष्य पर काम करने के लिए बहुत थका हुआ होता हूँ। दिन-पर-दिन मैं अधिक अपराधी महसूस करने लगा हूँ। हफ्ते गुजरने के साथ मैं और निराश होने लगा हूँ।

लेकिन कल कभी नहीं आता है।

हर शाम मैं अपने लक्ष्य पर काम करने के लिए बहुत थका हुआ होता हूँ। दिन-पर-दिन मैं अधिक अपराधी महसूस करने लगा हूँ। हफ्ते गुजरने के साथ मैं और निराश होने लगा हूँ।

क्या आप कभी इस स्थिति में रहे हैं?

यदि हाँ, तो एक छोटा सा उपाय है, जो आपको काम शुरू करने में मदद करेगा, चाहे आपका लक्ष्य कितना भी बड़ा हो—

! हर रात अगले दिन के लिए एक छोटा सा काम लिखें। उसे जितना छोटा रख सकते हैं, रखें, कोई ऐसा काम, जिसे करने में 10-15 मिनट लगेंगे।

मान लीजिए, आपका लक्ष्य वजन कम करना है और आपने प्रतिदिन 30 मिनट व्यायाम करने का लक्ष्य रखा है। आप अपना काम लिख सकते हैं—

'पेट के निचले हिस्से के लिए 10 बार कोई एक व्यायाम करें।'

हाँ, केवल एक व्यायाम, केवल दस बार। इसमें आपको मुश्किल से दो मिनट लगेंगे।

रहस्य यह है कि सबसे मुश्किल काम है—शुरुआत करना। एक

बार आप शुरू कर देंगे तो 95 प्रतिशत संभावना है कि आप पूरा 30 मिनट का व्यायाम कर लेंगे।

और यदि आप केवल एक ही व्यायाम 10 बार करते हैं तो भी यह कुछ न करने से बेहतर है। आप अपराधी और निराश नहीं महसूस करेंगे—आपने अपना काम पूरा कर लिया है। और यदि आप उससे अधिक करते हैं तो आपको और बेहतर महसूस होगा।

और यदि आप केवल एक ही व्यायाम 10 बार करते हैं तो भी यह कुछ न करने से बेहतर है। आप अपराधी और निराश नहीं महसूस करेंगे—आपने अपना काम पूरा कर लिया है। और यदि आप उससे अधिक करते हैं तो आपको और बेहतर महसूस होगा।

युक्ति अपने आपको एक वास्तव में छोटा काम देना, एक फोन कॉल करने का या किसी पाठ्यपुस्तिका का एक पृष्ठ पढ़ने का।

और जब आप शुरुआत कर देंगे तो आपको वास्तव में पता चलेगा कि आपको योजना से अधिक करने में भी बुरा नहीं लगेगा।

याद रखें, लक्ष्य बड़े निर्धारित करें, लेकिन अपने लिए काम छोटे रखें।

#4

एक आसान, लेकिन शक्तिशाली तकनीक, जो आपको प्रतिदिन काम करने के लिए प्रेरित करती है और टाल-मटोल से निपटने में मदद करती है।

दुर्भाग्य से, बहुत कम लोग व्यक्तिगत सफलता जर्नल की अद्‌भुत शक्ति को पहचानते हैं। आपको अपनी उपलब्धियाँ और दिन भर में पूरे किए कामों को लिखने में प्रतिदिन केवल 10-15 मिनट लगते हैं, लेकिन दिन के इन 15 मिनट में आपके पूरे जीवन को बदलने की ताकत होती है।

*   सफलता जर्नल आपको प्रेरित करता है।

अपनी उपलब्धियाँ लिखने के द्वारा आप अपनी प्रगति को

महसूस कर पाएँगे। आप देखेंगे कि कैसे छोटे–छोटे कदम लेकर आप अपने लक्ष्य के करीब, और करीब पहुँचते जा रहे हैं।

* सफलता जर्नल प्रलोभन को दूर करता है।

  प्रलोभनों से बचना आसान होगा, क्योंकि आप जानते हैं कि आपने आज रात को जो किया है, वो आपको लिखना है।

* सफलता जर्नल आपके जीवन को आसान बनाता है।

  चीजें जब लिखी जाती हैं तो और आसान हो जाती हैं। एक जर्नल आपको जीवन के भटकावों के प्रति और सहनशील बनाता है।

हालाँकि आपको सफलता जर्नल रखने के तीन नियमों की जानकारी होनी चाहिए—

1. वही चीजें लिखें, जो आपने की हैं।

   वो काम न लिखें, जो आपने अब तक नहीं किए हैं या जो आप अगले दिन करनेवाले हैं। केवल पूरे हो चुके कामों और उपलब्धियों की सूची बनाएँ।

2. छोटी–छोटी बातें भी लिखें।

   हर एक बात मायने रखती है! एक फोन कॉल, पाठ्य-पुस्तिका का एक अध्याय या चॉकलेट, चीज केक न खाने का आपका निर्णय।

3. इसे एक दैनिक आदत बनाएँ।

   कोई दिन न छोड़ें! भले ही आप थक गए हों, सुनिश्चित करें कि आप अपने सफलता जर्नल में कम–से–कम 1–2 वाक्य अवश्य लिखते हैं। भले ही आज आपने केवल अपने लक्ष्य के बारे में सोचने का काम ही किया हो।

मैं आपसे आग्रह करता हूँ कि आप एक नोटबुक लें और अपने सभी पूरे हो चुके कामों को लिखना शुरू करें। 30 दिनों में संभवतः आप उसके बिना जी नहीं पाएँगे।

5

गुप्त सूत्र, जो आपको आपके लक्ष्य पर काम करने के लिए सही पल परिभाषित करने में मदद करता है।

क्या आप अपने लक्ष्य पर काम करने के लिए सही पल का इंतजार कर रहे हैं? क्या आपको विश्वास है कि जब वह पल आएगा तो आप उसे पहचानने में सक्षम होंगे?

> ***क्या आप अपने लक्ष्य पर काम करने के लिए सही पल का इंतजार कर रहे हैं? क्या आपको विश्वास है कि जब वह पल आएगा तो आप उसे पहचानने में सक्षम होंगे? एक आसान सा सूत्र है, जो आपको तुरंत आपका लक्ष्य प्राप्त कर शुरू करने के लिए सही समय बताता है।***

एक आसान सा सूत्र है, जो आपको तुरंत आपका लक्ष्य प्राप्त कर शुरू करने के लिए सही समय बताता है।

सही पल = **अभी!**

हाँ, अभी, यही पल आपके लक्ष्यों की प्राप्ति के लिए काम शुरू करने का एकमात्र सही पल है।

नहीं, वह कल या सोमवार को या महीने का पहला दिन नहीं है, बल्कि अभी, इसी समय है।

सही परिस्थितियों या एक आदर्श अवसर का इंतजार करने में अपना जीवन व्यर्थ न गँवाएँ। उनका कोई अस्तित्व नहीं है।

आपके पास जो भी है, उसका उपयोग करें, अभी शुरू करें, टाल-मटोल कभी न करें।

क्या आपने कभी ध्यान दिया है कि सभी सफल लोग बहुत गतिशील होते हैं? वे कभी सोफे पर लेटकर कोई काम करने के लिए सही समय का इंतजार नहीं करते। वे उठते हैं और उसी समय काम करते हैं।

यदि आप अभी भी चीजों को टालने की कोशिश कर रहे हैं और उन्हें बाद में करने के लिए बहाने बनाने की कोशिश कर रहे हैं तो अगली

युक्ति में आप टालने की आदत पर विजय प्राप्त करना सीखेंगे और एक उद्योगी मनुष्य बनेंगे, जो चीजें करने के रोमांच से प्यार करता है।

6

चीजों को टालना कैसे बंद करें और खुद को एक काम टालनेवाले से एक उत्पादक, प्रभावी व्यक्ति में कैसे बदलें, जिसे चीजें करने के रोमांच से प्यार है।

क्या आप वह व्यक्ति हैं, जो हमेशा चीजों को टालता है और खुद से उन्हें बाद में करने का वादा करता है?

तब यह तकनीक आपके लिए है।

! अगली बार जब आप खुद को महत्त्वपूर्ण काम टालने की कोशिश करते पकड़ें तो कागज का एक टुकड़ा लें और इन तीन आसान सवालों के जवाब दें—

1. आप कहाँ हैं?
2. आप वास्तव में क्या करना चाहते हैं?
3. आपको ये करते समय कैसा महसूस होगा?

मान लीजिए, आप अपनी अलमारी को व्यवस्थित करने का काम टाल रहे हैं। आपको हमेशा अन्य महत्त्वपूर्ण काम करने को मिल जाते हैं और आपके पास अलमारी को साफ करके सामान ठीक से रखने का समय कभी नहीं होता।

आप क्या करना चाहते हैं, यह लिखते समय आप पहले ही कल्पना में स्वयं को वह करते हुए देखेंगे और आपके लिए उठकर वह काम करना बहुत मुश्किल नहीं होगा।

मान लीजिए, आप अपनी अलमारी को व्यवस्थित करने का काम टाल रहे हैं। आपको हमेशा अन्य महत्त्वपूर्ण काम करने को मिल जाते हैं और आपके पास अलमारी को साफ करके सामान ठीक से रखने का समय कभी नहीं होता।

आप बस बैठ जाएँ, एक कागज लें और लिखना शुरू करें—

'आज शनिवार है, दोपहर के 3:45 बजे हैं। मैं किचन में बैठकर कॉफी पी रहा हूँ। मैं अपनी अलमारी ठीक करना चाहता हूँ। इसमें मुझे केवल एक घंटे के लगभग समय लगेगा और मैं ऊर्जावान और संतुष्ट महसूस करूँगा कि मैंने अंततः यह काम कर लिया। मेरी अलमारी साफ हो जाएगी, सारा समान व्यवस्थित और अपनी जगह पर होगा।'

जब आप यह लिख रहे होंगे तो आपके अंदर उठकर ये काम करने की इच्छा उत्पन्न होगी, क्योंकि आप चाहते हैं कि आपकी अलमारी व्यवस्थित हो जाए। आप संतुष्ट महसूस करना चाहते हैं और आपने पहले ही कल्पना में खुद को यह करते देख लिया है।

जब आप यह लिख रहे होंगे तो आपके अंदर उठकर ये काम करने की इच्छा उत्पन्न होगी, क्योंकि आप चाहते हैं कि आपकी अलमारी व्यवस्थित हो जाए। आप संतुष्ट महसूस करना चाहते हैं और आपने पहले ही कल्पना में खुद को यह करते देख लिया है।

याद रखें, आपको केवल इन तीन प्रश्नों के उत्तर देने हैं—आप कहाँ हैं, आप क्या करना चाहते हैं और आपको यह करते हुए कैसा महसूस होगा? यह बहुत आसान सी तकनीक है, लेकिन जादू की तरह काम करती है।

#7

एक साधारण तकनीक, जो किसी भी उबाऊ कार्य को बिल्कुल मजेदार बना देगी और आपकी उत्पादकता में 125 प्रतिशत से अधिक की वृद्धि करेगी।

क्या आप जानते हैं कि एकरसता से भरे उबाऊ कार्य को मजेदार कैसे बनाया जा सकता है?

उसे एक खेल का रूप दे दें।

उदाहरण के लिए, अपने आप को समय में बाँधें और अपना समय

सुधारने की कोशिश करते रहें।

मान लें कि आपको 20 पाउंड सेब छीलना है। अपने आपको चुनौती दें।

एक रिकॉर्ड सेट करें कि आप तीन मिनट में कितने सेब छील सकते हैं। फिर अपने खुद के रिकॉर्ड को तोड़ने की कोशिश करें या आप यह देखने के लिए अपने आप को समय दें कि एक सेब छीलने में आपको कितना समय लगता है और फिर से अपना रिकॉर्ड तोड़ें।

अच्छी बात यह है कि आप हमेशा विजेता बनेंगे!

आप किसी भी उबाऊ कार्य को एक मजेदार खेल में बदल सकते हैं। बस थोड़ी सी कल्पना का प्रयोग करें।

इस आसान सी युक्ति ने उत्पादकता में 125 प्रतिशत से अधिक की वृद्धि साबित कर दी है। इसका इस्तेमाल करें और आप देखेंगे कि आप कम समय में अधिक काम कर पा रहे हैं।

शुभकामनाएँ!

□

डॉ. जोसेफ मर्फी के बारे में

जोसेफ मर्फी का जन्म 20 मई, 1898 को काउंटी कॉर्क, आयरलैंड के एक छोटे से शहर में हुआ था। उनके पिता डेनिस मर्फी 'द नेशनल स्कूल ऑफ आयरलैंड' में प्रोफेसर थे। उनकी माँ एलेन नी कोनेली एक गृहिणी थीं, जिन्होंने बाद में एक और बेटे जॉन और एक बेटी कैथरीन को जन्म दिया।

जोसेफ की परवरिश एक सख्त कैथोलिक परिवार में हुई थी। उनके पिता काफी धार्मिक स्वभाव के थे और वास्तव में उन कुछ विशेषज्ञ प्रोफेसरों में से एक थे, जिन्होंने जेसुइट सेमिनरियों को सिखाया था। उनके पास कई विषयों का व्यापक ज्ञान था और उन्होंने अपने बेटे में अध्ययन करने एवं सीखने की इच्छा विकसित की।

उस समय आयरलैंड अपनी कई आर्थिक मंदियों में से एक से पीड़ित था और कई परिवार भूख से बेहाल थे। हालाँकि डेनिस मर्फी के पास स्थायी रोजगार था, लेकिन उनकी आय से परिवार के खर्च मुश्किल से पूरे हो पाते थे।

युवा जोसेफ का दाखिला नेशनल स्कूल में हुआ। वह एक शानदार छात्र थे। उन्हें पादरी पद का अध्ययन करने के लिए प्रोत्साहित किया गया और वह एक जेसुइट सेमिनरी के रूप में स्वीकार कर लिये गए। हालाँकि जब तक वह किशोरावस्था के अंतिम वर्षों में पहुँचे, उन्होंने जेसुइट के कैथोलिक रूढ़िवाद पर प्रश्न करना शुरू कर दिया और सेमिनरी से अपना नाम वापस ले लिया। चूँकि उनका लक्ष्य नए विचारों को तलाशना और

नए अनुभव प्राप्त करना था—एक लक्ष्य, जो वह कैथोलिक-प्रभुत्व वाले आयरलैंड में प्राप्त नहीं कर सकते थे—उन्होंने अपने परिवार को छोड़ दिया और अमेरिका चले गए।

वह अपनी जेब में केवल 5 डॉलर के साथ एलिस द्वीप आव्रजन केंद्र पहुँचे। उनका पहला काम था रहने के लिए एक जगह खोजना। वह भाग्यशाली थे कि उन्हें किराए का एक सुसज्जित मकान मिल गया, जहाँ वह एक फार्मासिस्ट के साथ, जो स्थानीय दवा की दुकान में काम करता था, कमरा साझा करके रहने लगे।

जोसेफ का अंग्रेजी ज्ञान कम था, क्योंकि उनके घर और स्कूल दोनों जगह गेलिक बोली जाती थी। इसलिए अधिकांश आयरिश आप्रवासियों की तरह वह एक दिहाड़ी मजदूर के रूप में काम करने लगे, जिससे वह इतना कमा लेते थे कि उनके रहने और खाने का खर्च पूरा हो जाता था।

वह और उनका रूममेट दोनों अच्छे दोस्त बन गए और जब उस दवा की दुकान पर एक नौकरी खुली, जहाँ उनका दोस्त काम करता था, तो उन्हें फार्मासिस्ट के सहायक के रूप में रख लिया गया। उन्होंने तुरंत फार्मेसी का अध्ययन करने के लिए एक स्कूल में दाखिला ले लिया। अपनी कुशाग्र बुद्धि और सीखने की ललक के कारण जोसेफ ने जल्दी ही योग्यता परीक्षा उत्तीर्ण कर ली तथा एक पूर्ण फार्मासिस्ट बन गए। अब वह अपना स्वयं का मकान किराए पर लेने के लिए पर्याप्त धन कमा रहे थे। कुछ वर्षों के बाद उन्होंने दवा की दुकान खरीद ली और अगले कुछ वर्षों तक एक सफल व्यवसाय चलाया।

जब संयुक्त राज्य अमेरिका ने द्वितीय विश्व युद्ध में प्रवेश किया तो जोसेफ सेना में शामिल हो गए और उन्हें 88वीं इन्फैंट्री डिवीजन की मेडिकल यूनिट में फार्मासिस्ट के तौर पर काम करने की जिम्मेदारी सौंपी गई। उस समय उन्होंने धर्म में अपनी रुचि का नवीनीकरण किया और विभिन्न धार्मिक मान्यताओं के बारे में विस्तार से पढ़ना शुरू किया। सेना से छुट्टी मिलने के बाद उन्होंने फार्मेसी में अपने कॅरियर में न लौटने का

फैसला किया। उन्होंने बड़े पैमाने पर यात्राएँ कीं और संयुक्त राज्य अमेरिका व विदेशों में कई विश्वविद्यालयों में पाठ्यक्रम लिये।

अपने अध्ययन से जोसेफ विभिन्न एशियाई धर्मों द्वारा भाव-विभोर हो गए और उनके बारे में गहराई से जानने के लिए भारत चले गए। उन्होंने सभी प्रमुख धर्मों का अध्ययन उनकी शुरुआत से किया। उन्होंने इन अध्ययनों को प्राचीन समय के महान् दार्शनिकों से वर्तमान समय के दार्शनिकों तक बढ़ाया।

हालाँकि उन्होंने कुछ अत्यधिक बुद्धिमान और दूरदर्शी प्रोफेसरों के साथ अध्ययन किया। एक व्यक्ति, जिन्होंने जोसेफ को सबसे अधिक प्रभावित किया, वे थे—डॉ. थॉमस ट्रोवार्ड, जो एक न्यायाधीश होने के साथ ही दार्शनिक, डॉक्टर और प्रोफेसर भी थे। न्यायाधीश ट्रोवार्ड जोसेफ के गुरु बन गए। उनसे जोसेफ ने न केवल दर्शन, धर्मशास्त्र और कानून सीखा, बल्कि उसके रहस्यवाद व विशेष रूप से मेसोनिक ऑर्डर से भी परिचय हुआ। वह इस आदेश के सक्रिय सदस्य बन गए और बाद के वर्षों में मेसोनिक आदेश में ऊपर उठकर स्कॉटिश संस्कार की 32वीं रैंक तक पहुँच गए।

संयुक्त राज्य अमेरिका लौटने के बाद जोसेफ ने एक मिनिस्टर बनकर अपना व्यापक ज्ञान जनता तक ले जाने का निर्णय लिया। चूँकि ईसाई धर्म की उनकी अवधारणा परंपरागत नहीं थी और वास्तव में अधिकांश ईसाई धर्मनिरपेक्षताओं के विपरीत जाती थी, उन्होंने लॉस एंजिल्स में अपना स्वयं का चर्च स्थापित किया। शुरू में उन्होंने कुछ छोटी सभाओं को आकर्षित किया, लेकिन अनेक मिनिस्टरों के 'पाप और अपमान' के उपदेशों के बजाय उनके आशावाद एवं आशा के संदेशों को बड़ी संख्या में पुरुषों व महिलाओं को उनकी चर्च की ओर आकर्षित करने में अधिक समय नहीं लगा।

डॉ. जोसेफ मर्फी 'न्यू थॉट' (नए विचार) आंदोलन के एक प्रस्तावक थे। वह आंदोलन उन्नीसवीं और बीसवीं शताब्दी के अंत में कई दार्शनिकों और गहरे विचारकों द्वारा विकसित किया गया था, जिन्होंने इस घटना का

अध्ययन किया और जीवन को देखने का एक नया तरीका बताया, लिखा, उसका अभ्यास किया। हमारे जीने और सोचने के एक आत्मविषयक, आध्यात्मिक एवं व्यावहारिक दृष्टिकोण के संयोजन से उन्होंने उस चीज को प्राप्त करने का रहस्य उजागर किया, जिसे हम वास्तव में पाना चाहते हैं।

'न्यू थॉट आंदोलन' के समर्थकों ने जीवन के एक नए विचार का प्रचार किया, जो नए तरीके और अधिक सिद्ध परिणाम पेश करता है। हमारे पास अपने जीवन को समृद्ध करने के लिए इनका उपयोग करने की शक्ति है। हम इन सब बातों को केवल इसलिए कर सकते हैं, क्योंकि हमें यह नियम मिल गया है और हम इस नियम को समझने में कामयाब हो गए हैं, जिसे शायद ईश्वर ने अतीत में पहेलियों में लिखा था।

बेशक डॉ. मर्फी इस सकारात्मक संदेश का प्रचार करनेवाले एकमात्र मिनिस्टर नहीं थे। कई गिरजाघर, जिनके मंत्री और कांग्रीगेंट 'न्यू थॉट मूवमेंट' से प्रभावित थे, द्वितीय विश्व युद्ध के बाद के दशकों में स्थापित और विकसित किए गए। द चर्च ऑफ रिलीजियस साइंस, द यूनिटी चर्च और इसी तरह के अन्य पूजा-स्थलों में भी इसी प्रकार के दर्शन पर उपदेश दिए जाते हैं। डॉ. मर्फी ने अपने संगठन का नाम 'द चर्च ऑफ डिवाइन साइंस' रखा। वह अकसर अपने समान सोचवाले सहयोगियों के साथ मंच साझा करते थे, संयुक्त कार्यक्रम आयोजित करते थे और अन्य पुरुषों व महिलाओं को उनकी मिनिस्ट्री में शामिल होने के लिए प्रशिक्षित करते थे।

आगे के वर्षों में अन्य गिरजाघर उनके साथ 'फेडरेशन ऑफ डिवाइन साइंस' नाम के एक संगठन के विकास में शामिल हो गए, जो सभी दिव्य विज्ञान चर्चों के लिए एक छतरी का कार्य करता है। हर एक 'दिव्य विज्ञान चर्च' का नेता और अधिक शिक्षा के लिए आगे बढ़ना जारी रखता है। डॉ. मर्फी उन नेताओं में से एक थे, जिन्होंने नए नेताओं को प्रशिक्षित करने के लिए और मिनिस्टरों एवं कांग्रीगेंट—दोनों के लिए चल रही शिक्षा प्रदान करने के लिए सेंट लुइस, मिसौरी में 'दिव्य विज्ञान स्कूल' के निर्माण का समर्थन किया।

दिव्य विज्ञान मिनिस्टरों की वार्षिक बैठक में उपस्थित होना आवश्यक होता था और डॉ. मर्फी उनमें विशेष वक्ता होते थे। उन्होंने प्रतिभागियों को अध्ययन करने और सीखना जारी रखने के लिए प्रोत्साहित किया, विशेष रूप से मनुष्य के अवचेतन मन के महत्त्व के बारे में।

अगले कुछ वर्षों में मर्फी के दिव्य विज्ञान की स्थानीय चर्च ने इतनी बड़ी वृद्धि की कि उनके लिए उनकी इमारत छोटी पड़ने लगी। उन्होंने विल्शर ईबेल थिएटर किराए पर ले लिया, जो एक पूर्व फिल्म थिएटर था। उनकी सेवाओं में उपस्थिति इतनी अच्छी होती थी कि वह स्थल भी हमेशा सभी इच्छुक लोगों को समायोजित नहीं कर पाता था। डॉ. मर्फी और उनके स्टाफ द्वारा आयोजित कक्षाएँ उनकी रविवार की सेवा की पूरक थीं, जिनमें 1,300 से 1,500 लोग शामिल होते थे। उनके पूरक का काम अधिकांश दिनों और शामों को आयोजित किए जानेवाले सेमिनार और व्याख्यान करते थे। चर्च सन् 1976 तक लॉस एंजिल्स में विल्शर ईबेल थिएटर में रहा, जिसके बाद वह कैलिफोर्निया के लगुना हिल्स में एक नए स्थान पर स्थानांतरित हो गया, जो एक सेवानिवृत्त समुदाय के पास था।

लोगों की विशाल संख्या तक पहुँचने के लिए, जो उनका संदेश सुनना चाहते थे, डॉ. मर्फी ने एक साप्ताहिक रेडियो टॉक शो का निर्माण किया, जो अंततः एक लाख से अधिक श्रोताओं तक पहुँच गया।

उनके कई अनुयायी थे, जो सिर्फ सारांश से कुछ ज्यादा चाहते थे और उन्होंने सुझाव दिया कि वे अपने व्याख्यानों व रेडियो कार्यक्रमों को रिकॉर्ड कर लें। पहले तो वह ऐसा करने के लिए अनिच्छुक थे, लेकिन फिर प्रयोग करने के लिए सहमत हो गए। उनके रेडियो कार्यक्रमों को बड़े पैमाने पर 78 आर.पी.एम. डिस्क पर रिकॉर्ड किया गया था, जो उस समय एक आम बात थी। उन्होंने उनमें से एक डिस्क से छह कैसेट बनवाए और उन्हें विल्शर ईबेल थिएटर की लॉबी में रखी सूचना डेस्क पर रख दिया। पहले घंटे में ही सारे कैसेट बिक गए। इससे एक नए उद्यम की शुरुआत हुई। बाइबल के अध्यायों को समझाते और उनके श्रोताओं के लिए ध्यान

व प्रार्थना प्रदान करते हुए उनके टेप केवल उनके चर्च में ही नहीं, बल्कि अन्य चर्चों, पुस्तकों की दुकानों में और इ-मेल द्वारा भी बेचे जा रहे थे।

चर्च के बढ़ने के साथ डॉ. मर्फी ने उन कई कार्यक्रमों में अपनी मदद के लिए, जिनमें वे शामिल थे और अपनी पहली पुस्तकों के लिए शोध और तैयारी करने के लिए पेशेवर व प्रशासनिक कर्मियों के एक स्टाफ को अपने साथ जोड़ लिया। उनके स्टाफ के सबसे प्रभावशाली सदस्यों में से एक थीं उनकी प्रशासनिक सचिव डॉ. जीन राइट। कामकाजी संबंध रोमांस में विकसित हो गया और दोनों ने विवाह कर लिया। यह जीवन भर की साझेदारी थी, जिसने दोनों के जीवन को समृद्ध कर दिया।

उस समय (1950 के दशक में) आध्यात्मिक रूप से प्रेरित सामग्री के बहुत कम प्रमुख प्रकाशक थे। मर्फी दंपती ने लॉस एंजिल्स क्षेत्र में कुछ छोटे प्रकाशकों को तलाश किया और उनके साथ मिलकर कई छोटी पुस्तकें प्रकाशित कीं (अकसर 30 से 50 पन्ने की पैंफ्लेट के रूप में छपी हुईं), जो कि ज्यादातर चर्चों में प्रति पुस्तक 1.50 से 3 डॉलर की दर से बेची जाती थीं। जब इन पुस्तकों के लिए ऑर्डर उस स्तर तक बढ़ गए, जहाँ उन्हें दूसरे और तीसरे संस्करण की आवश्यकता होने लगी, तब प्रमुख प्रकाशकों की समझ में आया कि ऐसी पुस्तकों के लिए भी एक बाजार था और उन्होंने इन्हें अपने कैटलॉग में जोड़ लिया।

डॉ. मर्फी अपनी पुस्तकों, टेपों और रेडियो-प्रसारण के परिणामस्वरूप लॉस एंजिल्स क्षेत्र के बाहर भी काफी प्रसिद्ध हो गए। उन्हें पूरे देश में व्याख्यान देने के लिए आमंत्रित किया जाने लगा। उन्होंने अपने व्याख्यान को धार्मिक मामलों तक सीमित नहीं किया, बल्कि वे जीवन के ऐतिहासिक मूल्यों, परिपूर्ण जीवन जीने की कला और पश्चिमी व पूर्वी दोनों संस्कृतियों के महान् दार्शनिकों की शिक्षाओं पर भी बात करते थे।

चूँकि डॉ. मर्फी ने कभी गाड़ी चलाना नहीं सीखा, उन्हें एक ऐसे व्यक्ति की व्यवस्था करनी पड़ी थी, जो उनकी अत्यधिक व्यस्त दिनचर्या के दौरान उन्हें उन विभिन्न स्थानों पर ले जाए, जहाँ उन्हें व्याख्यान के

लिए आमंत्रित किया जाता था, साथ ही अन्य स्थानों पर भी। उनकी प्रशासनिक सचिव और बाद में पत्नी के रूप में डॉ. जीन राइट का कार्य था—उनके कामों की योजना बनाना, ट्रेनों या उड़ानों, हवाई अड्डे के पिकअप, होटल के रहने की जगह और यात्रा के सभी अन्य विवरणों की व्यवस्था करना।

मर्फी दंपती अकसर यात्रा पर जाया करते थे और उन्होंने दुनिया भर में कई देशों की यात्रा कीं। उनकी पसंदीदा कामकाजी छुट्टियों में से एक थी—क्रूज जहाजों पर सेमिनार आयोजित करना। वे यात्राएँ एक सप्ताह या उससे अधिक की होती थीं और उन्हें दुनिया भर के कई देशों में ले गईं।

डॉ. मर्फी की सबसे पुरस्कृत गतिविधियों में से एक थी—कई जेलों में जाकर कैदियों से बात करना। इन वर्षों के दौरान कई पूर्व अपराधियों ने उन्हें यह बताते हुए पत्र लिखे कि कैसे उनके शब्दों ने वास्तव में उनकी जिंदगी बदल दी थी और उन्हें आध्यात्मिक व अर्थपूर्ण जीवन जीने के लिए प्रेरित किया था।

उन्होंने संयुक्त राज्य अमेरिका, यूरोप और एशिया के कई देशों का दौरा किया। अपने व्याख्यानों में उन्होंने अवचेतन मन की शक्ति और उस एक ईश्वर 'मैं हूँ' में आस्था पर आधारित जीवन सिद्धांतों को समझने के महत्त्व पर बल दिया।

डॉ. मर्फी की छोटे आकार की पुस्तकें इतनी लोकप्रिय थीं कि उन्होंने उन्हें और अधिक विस्तृत व लंबे काम में उनका विस्तार करना शुरू कर दिया। उनकी पत्नी ने उन्हें उनके लेखन की पद्धति और तरीके में कुछ अंतर्दृष्टि प्रदान की। उन्होंने बताया कि वे अपनी पांडुलिपियाँ एक टैबलेट पर लिखते थे और अपनी पेंसिल या पेन इतनी जोर से दबाते थे कि आप अगले पृष्ठ पर छाप द्वारा उस पृष्ठ को पढ़ सकते थे। लिखते समय वह एक समाधि जैसी स्थिति में प्रतीत होते थे। उनकी लेखन शैली थी उनके ऑफिस में चार से छह घंटे तक बिना किसी बाधा के काम करना, जब तक वे खुद रुककर नहीं कहते थे कि उस दिन के लिए पर्याप्त काम हो

गया है। प्रत्येक दिन ऐसा ही होता था। एक बार रुक जाने के बाद वे अधूरा काम पूरा करने के लिए अगली सुबह से पहले अपने ऑफिस नहीं जाते थे। काम करते समय वे कुछ खाते या पीते नहीं थे। वह अपने विचारों और पुस्तकों की विशाल लाइब्रेरी के साथ अकेले होते थे, जिनसे वे समय-समय पर संदर्भ लेते रहते थे। उनकी पत्नी उन्हें आगंतुकों एवं फोन कॉल्स से बचाकर रखती थीं और चर्च के कामों तथा अन्य गतिविधियों को सुचारु रूप से आगे बढ़ाती रहती थीं।

डॉ. मर्फी हमेशा मुद्दों पर चर्चा करने और चीजों को विस्तृत रूप से समझाने के लिए एक आसान तरीके की तलाश में रहते थे, जो विस्तार से समझा सकता था कि वे व्यक्ति को कैसे प्रभावित करती थीं। तकनीकों के विकसित होने और ऑडियो के क्षेत्र में नए तरीकों के प्रवेश करने के साथ उन्होंने अपने कुछ व्याख्यानों का चुनाव कैसेट्स, रिकॉर्ड या सी.डी. पर पेश करने के लिए किया।

सी.डी. और कैसेट्स में उनके पूरे काम ऐसे उपकरण हैं, जिनका इस्तेमाल उन अधिकांश समस्याओं के लिए किया जा सकता है, जिनका सामना एक व्यक्ति अपने जीवन में करता है और निर्धारित लक्ष्य प्राप्त करने के लिए उनका समय-परीक्षण किया गया है। उनका मूल विषय यह है कि समस्याओं का समाधान व्यक्ति के अंदर ही होता है। बाहरी तत्त्व किसी की सोच को नहीं बदल सकते हैं, अर्थात् पका मस्तिष्क आपका अपना है। एक बेहतर जीवन जीने के लिए आपको बाहरी परिस्थितियों को नहीं, बल्कि स्वयं को बदलना चाहिए। आप अपना भाग्य स्वयं बनाते हैं। परिवर्तन की शक्ति आपके मन में है और अपने अवचेतन मन की शक्ति का उपयोग करके आप बेहतर के लिए वे परिवर्तन ला सकते हैं।

डॉ. मर्फी ने 30 से अधिक पुस्तकें लिखीं। उनका सबसे प्रसिद्ध कार्य 'द पावर ऑफ द अनकॉन्शियस माइंड', जिसे पहली बार 1963 में प्रकाशित किया गया था, एक तत्काल बेस्टसेलर बन गया। यह पुस्तक सार्वकालिक रूप से सर्वश्रेष्ठ सेल्फ-हेल्प गाइडों में से एक के रूप में

प्रशंसित हुई। अब तक इसकी लाखों प्रतियाँ बिक चुकी हैं और अभी भी दुनिया भर में बेची जा रही हैं।

उनकी अन्य बेस्ट सेलिंग पुस्तकों में से कुछ हैं—'टेलीसाइकिक्स : द मैजिक पावर ऑफ परफेक्ट लिविंग', 'दि अमेजिंग लॉज ऑफ कॉस्मिक माइंड', 'सीक्रेट्स ऑफ द आई-चिंग', 'द मिरेकल ऑफ माइंड डायनेमिक्स', 'योर इनफिनिट पावर टू बी रिच', और 'द कॉस्मिक पावर विदिन यू'।

दिसंबर 1981 में डॉ. मर्फी की मृत्यु हो गई और उनकी पत्नी डॉ. जीन मर्फी ने उनकी मृत्यु के बाद उनके चर्च की सेवा जारी रखी। सन् 1986 में दिए एक व्याख्यान में अपने दिवंगत पति का हवाला देते हुए उन्होंने उनके दर्शन को दोहराया—

"मैं पुरुषों और महिलाओं को उनकी दैवी उत्पत्ति के बारे में और उनके भीतर मौजूद प्रबल शक्तियों के बारे में सिखाना चाहता हूँ। मैं यह बताना चाहता हूँ कि यह शक्ति अंदर ही है, और यह कि वे स्वयं के उद्धारकर्ता हैं और अपना मोक्ष प्राप्त करने में सक्षम हैं। यह 'बाइबल' का संदेश है और आज हमारे दस में से नौ भ्रम इसमें दिए जीवन बदलनेवाले सत्यों की गलत शाब्दिक व्याख्या के कारण हैं।

"मैं बहुमत तक पहुँचना चाहता हूँ; सड़क पर चल रहे आदमी तक, कर्तव्य और अपनी प्रतिभाओं और क्षमताओं के दमन के अत्यधिक बोझ से दबी औरत तक। मैं चेतना के स्तर या अवस्था पर दूसरों की मदद करना चाहता हूँ, ताकि मैं अपने अंदर के चमत्कारों के बारे में जान सकूँ।"

डॉ. जीन मर्फी ने अपने पति के बारे में कहा, "वह एक व्यावहारिक रहस्यवादी थे, जिनके पास एक विद्वान् की बुद्धि, एक सफल कार्यकारी का दिमाग और कवि का हृदय था। उनके संदेश का सारांश है—**आप राजा हैं, अपनी दुनिया के शासक हैं, क्योंकि आप ईश्वर के साथ एक हैं।**"

□□□